Amazing Fashion Designers

20 Luxury Fashion Designers

gners

1 : 25.500

0   500   1000 m

0   0,25   0,5 mile

CITY FASHION **PARIS**

CHRISTINE ANNA BIERHALS

CITY FASHION
PARIS

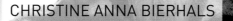

h.f.ullmann

CONTENTS | SOMMAIRE

AMAZING FASHION

LUXURY FASHION

ACCESSORIES

INSIDER TIPS

The CITY FASHION series dips into the fascinating world of fashion in the most well-known cities. Paris has been creating fashion trends for centuries. The Court of Versailles and later fashion icons such as Coco Chanel and Christian Dior set trends in their days, which eventually conquered the world from France. Still today, the collections, presented twice a year at the major *prêt-à-porter* and *haute-couture* runways in Paris, determine what will be worn the following season.

In three chapters, *Amazing Fashion*, *Luxury Fashion* and *Accessories-Design*, CITY FASHION PARIS presents the most diverse facets of Parisian fashion and a design scene that no longer comprises of just the French, but also personalities from the most diverse nationalities. Emerging stars and established names appear along with designers who only show their creations at Paris Fashion Week but still form part of our fashion scene. This work offers a magnificent perspective on the designers' creations and shows the reader the Paris stores where their collections are available. The designers also reveal their favorite hotspots in the City of Light, making the book a guide with the occasional suggestion that brings Paris and its lifestyle closer to the reader. Who knows more about the trendiest places in a city than the members of its scene? Following their trail, we can find ourselves sitting next to the hippest people in the newest bars and discover their favorite shops, enabling us to enjoy some *savoir-vivre* rather than just being a tourist. This splendid combination, which unites a keen observation on what is going on in the world of Parisian fashion with the designers' top tips, makes CITY FASHION PARIS a must-have guide for fashion enthusiasts and visitors.

Cet ouvrage de la collection CITY FASHION va vous immerger dans le monde fascinant de la plus célèbre métropole de la mode. Depuis des siècles, Paris est le haut lieu des grandes tendances de la mode. À leur époque, des souverains tels que le Roi Soleil ou des icônes telles que Coco Chanel et Christian Dior ont imposé leur style et conquis le monde. Aujourd'hui, les collections présentées deux fois par an à Paris dans le cadre des incontournables défilés de prêt-à-porter et de haute couture définissent les tendances de la saison prochaine.

CITY FASHION PARIS explore les multiples facettes du milieu parisien de la mode et du design à travers ses représentants français mais aussi de différentes nationalités, dans les trois chapitres suivants : *Amazing Fashion, Luxury Fashion* et *Accessoires.* Il fait découvrir les stars montantes et les grands créateurs, mais aussi ceux qui ne présentent leurs collections qu'à la semaine de la mode de Paris, contribuant ainsi à enrichir la mode locale. CITY FASHION PARIS propose aux lecteurs un bel aperçu du processus créatif des stylistes ainsi qu'une liste des boutiques parisiennes où trouver leurs collections. En outre, chaque créateur présenté révèle son lieu de prédilection dans la capitale, ce qui contribue à faire de cet ouvrage un guide de référence offrant une approche intimiste de Paris et de son atmosphère. Qui, en effet, connaît mieux les lieux tendance que ceux qui les fréquentent ? Comme eux, prenons place dans les bars branchés, flânons dans leurs boutiques préférées et sortons des sentiers battus pour partir à la découverte de la véritable personnalité de la ville. Cette vision unique de la mode telle qu'elle se crée à Paris, alliée aux conseils des professionnels du milieu, fait de CITY FASHION PARIS un must-have pour les amateurs de mode et de week-ends urbains.

AMAZING FASHION

INTRO

In the same way that France is known for its Revolution, Paris managed to revolutionize international fashion. Paul Poiret freed women from their corsets and in the 1920s Coco Chanel took this freedom to the extreme. With her short haircut and modern silhouettes, she didn't just set a new trend, but also paved the way to a more functional form of women's fashion.

The chapter *Amazing Fashion* presents the revolutionary fashion scene of Paris fashion today. In the past, the French flocked to the centralized capital from across the country to make a name for themselves. Today, as a fashion center, Paris draws designers from Asia, Scandinavia, Germany, and the rest of the world. This multicolored scene inspires Paris chic with a heady mix of cultural approaches, and brings a breath of fresh air and new ideas to the city of fashion. Indeed, it creates new images with experimental designs, groundbreaking cuts, and combinations of different colors and fabrics. There is no limit to creativity and the result is absolutely incredible.

Amazing Fashion aims to broaden horizons and to offer an entertaining and informative view of the zany and creative world of fashion, both for fashionistas and creators, and for people who simply enjoy new ideas and innovations.

La France est célèbre pour sa Révolution et Paris a révolutionné la mode internationale. Une fois la femme libérée du corset par Paul Poiret, Coco Chanel impose le tailleur dans les années 1920. Avec sa coupe de cheveux courte et sa silhouette moderne, elle ne se contente pas d'incarner la nouvelle tendance : elle ouvre la voie à une mode féminine plus fonctionnelle.

Le chapitre *Amazing Fashion* vous plonge au cœur de la révolution qui agite actuellement le milieu parisien de la mode. Autrefois, les créateurs venaient de toute la France pour s'accomplir dans la capitale. Aujourd'hui, Paris attire des designers d'Asie, de Scandinavie, d'Allemagne et du monde entier. Ce petit monde hétéroclite apporte de nouvelles variantes culturelles au fameux chic parisien et fait souffler un vent de renouveau sur la capitale de la mode. Avec ses modèles expérimentaux, ses coupes inédites et ses innombrables jeux de matières et de couleurs, il donne naissance à des silhouettes d'un genre nouveau. La créativité ne connaît aucune limite – *amazing*, non ?

Le chapitre *Amazing Fashion* ouvre bien des horizons : les pages qui suivent offrent aux créatifs et aux amateurs de mode et d'idées innovantes un aperçu divertissant et une mine d'informations sur le monde extravagant et inventif de la mode.

Aganovich

AGANOVICH

www.aganovich.com

designer | Nana Aganovich, Brooke Taylor

shop | Falbala
26 Rue St Hilaire | 94120 La Varenne St. Hilaire

INSIDER TIP : SHOPPING

Astier de Villatte | www.astierdevillatte.com
173 Rue Saint-Honoré | 75001 Paris

After first meeting in London in 2002, Nana Aganovich and Brooke Taylor knew they would end up working closely together. The fashion designer and the essayist were keen to combine their double passions of fashion design and literature in their joint project; this was *raison d'être* behind the creation of the luxury womenswear label Aganovich. The person responsible for the exclusive designs is Nana, a graduate of the Danish Design School and Central Saint Martin's College of Art and Design in London. Brooke, the author of various articles for international literature and fashion magazines, conceives and develops the collections, drawing on literary influences. He has sought inspiration both from the surrealism of Argentinean writer Jorge Luis Borges and Marinetti's Futurist Manifesto. However, Aganovich's designs refer exclusively to the subversive force of the female shape and its power of seduction. The first collection was presented at Paris Fashion Week in October 2009 and combined wool, silk, chiffon, and colored prints. Today, Aganovich blends asymmetrical cuts with unique designs and is famous for its sexual and political references. For the creative team "a woman's strength lies in her right to seduce".

Dès leur première rencontre en 2002 à Londres, Nana Aganovich et Brooke Taylor savaient qu'un jour, ils travailleraient ensemble. La créatrice de mode et l'écrivain rêvaient en effet de marier dans un projet commun leurs passions respectives : la mode et la littérature. C'est ainsi qu'est née Aganovich, la luxueuse marque de prêt-à-porter féminin. Nana, diplômée de la Dansk Designskole de Copenhague et de la Central Saint Martins de Londres, se charge du design. Brooke, auteur de nombreux articles pour des revues littéraires et de mode, développe et conceptualise les collections sous influence littéraire. Il peut ainsi trouver son inspiration dans le surréalisme de l'auteur argentin Jorge Luis Borges ou encore dans le Manifeste du futurisme de Marinetti. La griffe Aganovich repose avant tout sur la force subversive des formes féminines et leur pouvoir de séduction. Leur première collection, un mélange de laine, soie, gaze et imprimés colorés, a été présentée en octobre 2009 à la semaine de la mode de Paris. Aujourd'hui, Aganovich allie coupes asymétriques et design atypique et se distingue par les allusions politiques et sexuelles de ses collections. « La plus grande force d'une femme, c'est son droit à la séduction » affirme le couple de créateurs.

Aganovich, Fall/Winter 2011/12

Aganovich, Fall/Winter 2011/2012

Aganovich, Fall/Winter 2011/12

ASTIER DE VILLATTE

www.astierdevillatte.com

173 Rue Saint-Honoré | 75001 Paris

ASTIER de VILLATTE

A restless eye would not know what to look at first in this boutique, teeming with countless marvelous objects. At the front is the tableware for which designers Ivan Pericoli and Benoît Astier are so well-known. These unique porcelain pieces are inspired by treasure found in the street and flea markets, and are special for their irregularities and their skilled handicraft. The boutique also features many *objets d'art* and designer pieces including its own line of fragrance creations such as erasers, aromatic dish soaps, and the famous scented candles. The store, in existence since 1778 and scrupulously restored to respect its original aspect by the duo, is distinguished by the perfect ambiance of eccentric charm that characterizes their aromatic and ceramic creations.

Dans cette boutique, l'œil, sollicité de toute part, ne sait plus où se poser. Il est tout d'abord attiré par les céramiques exposées en première ligne ; elles sont signées des créateurs Ivan Pericoli et Benoît Astier de Villatte. Fabriquées à la main, elles comportent des irrégularités. Elles s'inspirent de trésors trouvés dans la rue ou aux puces, qui font toute leur spécificité. Les deux jeunes artistes exposent également d'autres objets d'art ou créations design hors normes ainsi que leur propre ligne d'articles parfumés : gommes, produits vaisselle et surtout, leurs célèbres bougies. Le duo s'est installé dans la boutique datant de 1778 et l'a restaurée presque à l'identique. Il y règne une atmosphère délicieusement extravagante parfaitement en harmonie avec leurs créations céramiques ou parfumées.

ANTHONY VACCARELLO

ANTHONY VACCARELLO

www.anthonyvaccarello.blogspot.com

designer | Anthony Vaccarello

shop | Colette
213 Rue Saint-Honoré | 75001 Paris

INSIDER TIP : NIGHTLIFE
Montana | 28 Rue St Benoît | 75006 Paris

Anthony Vaccarello, a Belgian of Italian descent, currently resides in Paris. The combination of the three nationalities that flow inside him already suggests a mix of interesting influences. The designer's career can be unreservedly classed as exemplary. After obtaining first prize at the prestigious Hyères International Festival in 2006, he was recruited by Karl Lagerfeld to work at Fendi in Italy. Two years later, Vaccarello relocated to Paris and in 2009 decided to create his own label. His first *prêt-à-porter* collection for spring/summer 2010 was quickly snapped up by major department stores in London, Paris, and New York.

His dark collections reveal strength, seduction, and expressiveness, and are best suited to a daring public. Anthony Vaccarello designs for strong women, in particular women who have suffered a setback and have come through unscathed. The designer, who defines himself as stubborn and obstinate, describes his personal style as complex, glam, and intoxicating. As far as he's concerned, a woman only needs a tight black dress matched with a strong, masculine jacket to be well-dressed. He describes his creations as "basics" that are indispensable to any wardrobe, although they are far from simple and the women who wear them display their femininity as a suit of armor.

Italien d'origine, le Belge Anthony Vaccarello vit actuellement à Paris. Ce triple métissage annonce des alliances intéressantes en matière d'influences. La prometteuse carrière du créateur peut sans conteste être qualifiée de fulgurante : après avoir remporté, en 2006, le Grand Prix du prestigieux festival international de la mode de Hyères, il part en Italie avec Karl Lagerfeld travailler pour le compte de Fendi. Deux ans plus tard, il vient s'établir à Paris pour y ouvrir sa propre maison. Sa première collection de prêt-à-porter printemps/été 2010 est aussitôt plébiscitée par les plus grandes chaînes de magasins de Londres, Paris et New York.

Ses modèles à dominante sombre séduisent par leur forte personnalité et ne siéent qu'aux audacieuses. Vaccarello s'adresse aux femmes aguerries – en particulier celles qui ont subi des revers et en sont ressorties grandies. Le créateur, qui se définit lui-même comme quelqu'un d'opiniâtre, juge son style complexe, glamour et envoûtant. Pour être remarquée, une femme n'a besoin, selon lui, que d'une étroite robe noire associée à une veste d'inspiration masculine. Dans cet esprit, il considère ses créations comme des basiques indispensables à toute garde-robe bien qu'elles soient tout, sauf simples, et que les femmes, qui les endossent, arborent leur féminité comme une armure.

Anthony Vaccarello, Spring/Summer 2011

BORIS BIDJAN SABERI

BORIS BIDJAN SABERI

www.borisbidjansaberi.com

designer | Boris Bidjan Saberi

shop | L'Éclaireur
9 Rue Hérold | 75001 Paris

INSIDER TIP : NIGHTLIFE

Le Pompon | www.lepompon.fr
39 Rue Des Petites Ecuries | 75010 Paris

The designer Boris Bidjan Saberi Moghaddam Teherani, born in Munich in 1978, discovered his love for fashion and craftsmanship as a child. The German-Persian designer spent his teenage years skateboarding and with hip-hop; he was a huge fan of urban street culture. That may explain why Saberi's designs today are a symbiosis of streetwear and high-end fashion. The notion "dark hip-hop" is frequently used related to his dark *avant-garde* collections. While studying in Barcelona, the designer released his accessories brand with the succinct title *u can fuck w*. Following his first collection, presented for the Spring/Summer 2008 season, his somber and protean design that uses unique fabrics and asymmetrical cuts runs through his creations like a red (or rather dark) thread. Saberi sees himself more as a skilled craftsman, which is why he continues to get personally involved in a large part of the work process. His unique discoveries include black and blood-red transparent leather, a product hand-made in Spain that Saberi ably integrates into his dark collections.

Boris Bidjan Saberi Moghaddam Teherani est né en 1978 à Munich. Son amour pour la mode et l'artisanat remonte à son enfance. Ce créateur allemand d'origine perse, qui a passé sa jeunesse entre skateboards et hip-hop, tire son inspiration de la culture urbaine. Ainsi, ses modèles actuels se présentent comme une symbiose entre streetwear et mode haut de gamme. Ses collections avant-gardistes, où le noir tient une place prépondérante, sont souvent qualifiées de *Dark hip-hop*. C'est durant ses études à Barcelone que le créateur lance sa marque d'accessoires sous le nom évocateur de « u can fuck w ». Depuis sa première collection, présentée aux défilés printemps/été 2008, ses silhouettes sombres et protéiformes, qui tirent parti de la singularité des matières et de l'asymétrie des coupes, constituent le fil rouge – ou plutôt, noir – de ses avancées créatives. Saberi se définit lui-même comme un artisan et s'implique personnellement dans une grande partie de la conception de ses modèles. Parmi ses découvertes les plus insolites, citons ce cuir transparent noir et rouge sang fabriqué à la main en Espagne et habilement intégré par Saberi dans ses créations les plus sombres.

Boris Bidjan Saberi, Fall/Winter 2011/12

LE POMPON

www.lepompon.fr

39 Rue des Petites Ecuries | 75010 Paris

LE
P O M P O N.
PARIS

In the new and extensive bar zone in the southern part of Pigalle, affectionately referred to by those in the know as "South Pi", is Le Pompon, a new reference point for Parisians on a night out. The venue had a grand opening during Fashion Week in fall 2010, and the bars Le Carmen, La Fidélité, and Chez Jeannette are close by. Formerly a synagogue, it now boasts of a restaurant and bar on the top floor, where Omar, owner of the celebrated Moroccan restaurant Chez Omar, serves up his exquisite delicacies. The music in the often-heaving first-floor club is an eclectic electro-disco mix with a touch of old-school hip-hop and other classics.

Au sud du Pigalle traditionnel se situe un nouveau quartier hype que les aficionados appellent volontiers *South Pigalle* ou mieux, *SoPi*. Le Pompon y accueille depuis peu les amoureux des folles nuits parisiennes. Voisin des bars la Fidélité, le Carmen et Chez Jeannette, le Pompon a été inauguré en grande pompe pendant la semaine de la mode en octobre 2010. Cette ancienne synagogue héberge un restaurant et un bar à l'étage. Omar, le propriétaire du célèbre restaurant marocain Chez Omar, y sert des petits plats variés. La piste de danse située au sous-sol est généralement bondée ; on s'y agite sur des rythmes pointus mais éclectiques. De la hip-hop au rockabilly, il y en a pour tous les goûts.

CALLA

www.calla.fr

designer | Calla Haynes

online shop | www.openingceremony.us

Designer Calla Haynes' fashion could be defined as flirty but not fussy or, as she puts it, "relaxed luxury for active women". The most important things for her are a love of detail, top-quality manufacturing in France (practically *haute couture*) and, above all, the use of unique fabrics. The Canadian-born designer has been living in Paris for eight years, drawing inspiration from the city and the French *savoir-vivre*. Calla Haynes worked with Olivier Theyskens at Rochas and Nina Ricci for five years after she first arrived in town. There she discovered her partiality for high-end textile patterns. She took advantage of her knowledge to sketch for designers including Alexander Wang and Erin Fetherstone until starting up on her own with the label Calla in 2009. Her patterns, inspired by natural motifs and modern art, which she renews each season, quickly became bywords for her brand. She has been nominated for the prestigious French AN-DAM awards and acclaimed in the French press as "the new print queen."

Coquette mais pas clinquante – c'est ainsi qu'on pourrait résumer la mode de la créatrice Calla Haynes. Ou encore, selon ses propres termes : « Le luxe décontracté des femmes actives ». Ce qui lui tient à cœur ? L'amour des détails, une production de qualité en France – presque de la haute couture – et le recours à des tissus uniques. Cette Canadienne de naissance vit depuis huit ans à Paris et puise son inspiration dans la capitale et le savoir-vivre français. À son arrivée à Paris, Calla Haynes a d'abord fait ses classes pendant cinq ans aux côtés d'Olivier Theyskens chez Rochas et Nina Ricci. C'est là qu'est née sa passion pour les imprimés textiles haut de gamme. Mettant à profit son apprentissage dans ce domaine, elle a proposé ses propres imprimés à des créateurs comme Alexander Wang ou Erin Fetherstone avant de déposer son label, Calla, en 2009. Ses imprimés inspirés de motifs naturels et de peintures modernes, qu'elle renouvelle à chaque saison, ont vite été repérés comme étant sa marque de fabrique. Non seulement ils ont été nominés au prestigieux ANDAM français, prix le plus important pour les jeunes créateurs, mais la presse a acclamé Calla en lui décernant le titre de « nouvelle reine de l'imprimé ».

Calla, Spring/Summer 2010

Calla, Illustration

Calla, Illustration

Calla, Spring/Summer 2010

Calla, Fall/Winter 2011/12

DEVASTEE

DÉVASTÉE

www.devastee.com

designer | François Alary, Ophélie Klère

shop | Spirito Divino
128 Boulevard de Courcelles | 75017 Paris

INSIDER TIP : NIGHTLIFE
The Hemingway Bar | www.ritzparis.com
Hotel Ritz | 15 Place Vendôme | 75001 Paris

When François Alary and Ophélie Klère crossed paths in the south of France in 1999, they shared only a mutual fascination for cemeteries and tombs. The many days and nights spent in these places inspired them to set up their own brand in 2004. Their womenswear label, Dévastée, demonstrates their fondness for death and darkness, although they also include touches of love and fun. This singular combination can be admired at Paris Fashion Week every six months. The Parisian designer duo wants to cause a sensation with their macabre humor. This is manifested in the exclusive black and white garments completely covered in dark prints, with irregular drawings and black paint and so making it tangible. François is responsible for the concept and colors, while Ophélie designs the casual, elegant cuts and draws the eccentric patterns found on the pants, blouses, and T-shirts. Dévastée collections take a sarcastic approach to death and demonstrate an unconditional love for daily depression. "It is hard to capture humor in an article of clothing, but it is always there," they say.

Quand François Alary et Ophélie Klère se rencontrent en 1999 dans le sud de la France, ils n'ont en commun que leur fascination pour les cimetières et les tombeaux. Ces lieux les inspirent tellement qu'ils y passent le plus clair de leur temps, jusqu'à ce qu'ils décident, en 2004, de créer leur propre marque de vêtements pour femmes. Dévastée cristallise leur obsession pour la mort, l'obscurité, mais aussi l'amour et le plaisir. On peut maintenant admirer le résultat de cette étrange alliance deux fois par an lors des semaines de la mode parisiennes. Ce duo établi dans la capitale souhaite faire sensation avec son humour macabre qui se manifeste par une collection graphique exclusivement en noir et blanc, ponctuée d'imprimés sombres, de larges motifs et de dessins noirs. François crée les concepts et les dessins, Ophélie conçoit les coupes élégantes et décontractées et les motifs originaux que l'on retrouve sur les pantalons, les chemisiers et les T-shirts. Dévastée, c'est un pied-de-nez à la mort allié à un amour inconditionnel de la déprime quotidienne. « Pas facile de dénicher l'humour dans un vêtement – mais il est bel et bien là », affirme le duo.

Dévastée, illustration

Dévastée, Fall/Winter 2011/12

Dévastée, Illustration

HARRYHALIM

www.hhharryhalim.com

designer | Harry Halim

online shop | www.hhharryhalim.com

Harry Halim's fashion pays homage to the dark side of his soul. The modern, esthetic and edgy fabrics in somber colors the designer always chooses are blended together in his designs along with a touch of eroticism and a pinch of Parisian chic. Harry Halim, winner of the 2008 Best Asian Young Designer of the Year Award, started off studying photography and graphic arts in Kuala Lumpur before enrolling at Lasalle College of the Arts in Singapore, where he opted for the fashion sector. "I think I became a fashion designer because I like to cut things," confesses this Chinese-born Indonesian who wanted to be a surgeon as a child. With his third collection, "Lies", he made the leap onto the international fashion stage and relocated from Singapore to the 18th *arrondissement* of Paris. This young designer's Parisian debut took place at Fashion Week 2010. With the "I Am Not Yours" summer collection, he once again demonstrated why he warrants a place among the newest and most ambitious designers of the fashion Olympus.

La mode d'Harry Halim est un hommage au côté sombre de l'âme. Ses tissus modernes, tout en esthétique et provocation et déclinés en couleurs neutres, se marient à un souffle érotique et à une touche de chic parisien. Harry Halim, récompensé en 2008 par le trophée du « Best Asian Young Designer of the Year », a d'abord étudié la photographie et le graphisme à Kuala Lumpur avant d'intégrer l'école d'arts Lasalle à Singapour où il a opté pour la mode. « J'ai voulu devenir créateur parce que j'adore découper des choses », confie cet Indonésien né en Chine – enfant, il rêvait d'être chirurgien. En 2008, avec sa troisième collection, *Lies*, il fait son entrée sur la scène internationale de la mode et quitte Singapour pour s'installer à Paris, dans le 18e arrondissement. Il fait ses débuts dans la capitale française lors de la semaine de la mode 2010. Avec sa collection printemps/été *I am not yours*, il prouve une fois de plus qu'il compte parmi les créateurs les plus prometteurs du monde de la mode.

harryhalim, Spring/Summer 2011

harryhalim, Spring/Summer 2011

harryhalim, Spring/Summer 2011

L'ÉCLAIREUR

www.leclaireur.com

9 Rue Hérold | 75001 Paris

L'ECLAIREUR

Armand and Martine Hadida's l'Éclaireur boutiques have been a symbol of the memorable experience that is shopping in Paris, for more than 25 years. What started off in 1980 as a ground-floor store on the Champs d'Élysées, has become four boutiques with a state-of-the-art selection of fashion from the most respected designers. One store is located in the up-market area around Rue du Faubourg-Saint-Honoré. Another one, also extremely exclusive and nearly impossible to find, is on Place des Victoires: there is no store window or sign to indicate its presence. The menswear store and a fourth shop designed by the artist Arne Quinze, targeted more at art and installation works, can be found in Le Marais.

Les boutiques L'Éclaireur créées par Armand et Martine Hadida sont depuis plus de 30 ans le symbole de l'esprit shopping parisien. Tout a commencé en 1980 par un petit magasin au sous-sol d'une galerie marchande des Champs-Élysées ; aujourd'hui, ce sont quatre autres *concept stores* qui présentent dans Paris des modèles de créateurs triés sur le volet. L'un des magasins avec bar-restaurant se situe dans le très prisé Faubourg Saint-Honoré. Un autre, plus discret, se cache place de la Victoire ; ni vitrine ni panneau ne trahissent sa présence. La boutique pour hommes, ainsi qu'un point de vente conçu par l'artiste belge Arne Quinze, plus orientée vers l'art et les installations, sont établis dans le Marais.

IRIS VAN HERPEN

www.irisvanherpen.com

designer | Iris van Herpen

shop | L'Éclaireur
9 Rue Hérold | 75001 Paris

INSIDER TIP : CULTURE

Le Palais de Tokyo | www.palaisdetokyo.com
13 Avenue du Président Wilson, 75116 Paris

Iris van Herpen's fashion is true wearable art. Her surrealist *haute couture* collections are a break from the visual fashion norms, demonstrating a futuristic touch and bordering on the limits of the feasible. In her work, the designer opposes her clearly artistic aims against the functional and consumerist purpose of fashion, because for her it is about more than just pure trends. Her collections are not only timeless; they also allow the wearer to exaggerate in a positive way his or her own image.

After studying fashion design at the ArtEZ Institute for the Arts in Arnhem and following a number of internships with big names like Alexander McQueen, the artist, born in the Netherlands in 1984, founded the label that bears her name in 2007. Today she works with artists from all genres, including the milliner Stephen Jones, choreographer Nanine Linning and the shoe label United Nude, to find new inspirations and work methods. Finally, together with German architect Daniel Widrig, she presented her second joint project "Escapism". The three-dimensional models that arise from this cooperation are presented as works of art or ornamental structures that cover the body and evolve almost with a life of their own. Iris van Herpen's collections are aimed at individualists who seek the extraordinary and timelessness in fashion. People such as the singers Björk and Lady Gaga, both for whom she has already designed amazing wardrobes.

Iris Van Herpen, c'est de l'art à porter. Ses collections surréalistes rompent avec les canons visuels de la mode ; ils comportent une touche futuriste et flirtent avec les limites du réalisable. La créatrice oppose clairement ses revendications artistiques aux objectifs fonctionnels et consuméristes de la mode – pour elle, la mode n'est pas qu'une question de tendances. Ses modèles intemporels permettent à celles qui les portent d'exacerber de façon positive leur image d'elle-même.

Après des études de design de mode à l'ArtEZ, l'Académie des beaux-arts d'Arnhem, suivies de stages chez des pointures du design comme Alexander McQueen, Iris van Herpen, née en 1984 aux Pays-Bas, a fondé sa marque éponyme en 2007. Sans cesse à la recherche de nouvelles inspirations et de méthodes de travail inédites, elle s'associe avec divers artistes comme le modiste Stephen Jones, la chorégraphe Nanine Linning ou la marque de chaussures United Nude. Avec l'architecte allemand Daniel Widrig, elle vient de présenter leur deuxième projet commun, *Escapism*. Ses modèles en 3D y apparaissent comme des œuvres d'art ornementales ou des constructions qui cernent le corps et semblent animées d'une vie propre. Ses collections s'adressent aux individualistes avides d'une mode décalée à tous points de vue. Parmi ceux-ci, citons des chanteuses comme Björk et Lady Gaga, pour qui la créatrice a imaginé des costumes époustouflants.

Iris van Herpen, no season

Iris van Herpen, no season

Palais de Tokyo west wing photographed by night. On the roof, Nomiya, a work by Laurent Grasso, produced for the project Art Home initiated by Electrolux. Photo : Kleinefenn

LE PALAIS DE TOKYO

www.palaisdetokyo.com

13 Avenue du Président Wilson | 75116 Paris

**PALAIS
DE
TOKYO /**

Built in 1937 to house the national modern art museum, Le Palais de Tokyo only opened its doors with its current look in 2002 as a creation and exhibition venue for contemporary art. However, it should be seen as more than a museum: a mixture that combines conceptual art with power saws, minimalism with zombies. It aims to offer a space for new art and to act as a starting point for young artists. Its main objective is to bring the general public into closer contact with a current and uninhibited version of modern art. Anyone who thinks it is incidental should check out the integrated library or the Tokyo Eat restaurant with its views to the Eiffel Tower from the terrace.

Construit en 1937 pour accueillir le musée national de l'art moderne, le Palais de Tokyo n'a ouvert sous sa forme actuelle qu'en 2002 ; c'est aujourd'hui un lieu de création et d'exposition d'art contemporain. Plus qu'un musée, le Palais de Tokyo est un univers où se côtoient art conceptuel et tronçonneuses, minimalismes et zombies. Il se veut un lieu d'accueil pour l'art nouveau et le porte-voix des jeunes artistes afin, ultimement, de rapprocher tous les publics du meilleur de la création contemporaine. Et pour ceux que cette démarche laisserait sceptiques, la librairie internationale qui complète le Palais, mais aussi le restaurant Tokyo Eat et sa terrasse offrant une vue sur la Tour Eiffel, valent à eux seuls le détour.

JEROEN VANTUYL

JEROEN VAN TUYL

www.jeroenvantuyl.com

designer | Jeroen van Tuyl

shop | Yoahm
15 Rue des Rosiers | 75004 Paris

INSIDER TIP : NIGHTLIFE

Club Chez Moune | www.chezmoune.fr
54 Rue Jean Baptiste Pigalle | 75009 Paris

After studying at the ArtEZ Institute for the Arts in the Dutch city of Arnhem and later working alongside Dirk Bikkembergs, Joe Casely-Hayford, and Alexander van Slobbe, Jeroen van Tuyl has devoted himself to the creation of his own menswear label since 1998. He has regularly presented at the menswear shows in Paris since 2006, forming part of the official runway schedule. When he presented the third of his shows, French newspaper *Le Monde* praised his talent and lauded his "successful collection". Despite his success in the fashion capital, the Dutchman has remained loyal to his roots, opening his flagship store in Rotterdam. That is where he designs his striking clothes with their slimline cuts. Instead of making fashion more macho, Jeroen van Tuyl aims to underline a man's sensitive side. His customers seek an original style but that also suggests a slight inclination for nostalgia.

Après des études à l'ArtEZ, l'Académie des beaux-arts d'Arnhem aux Pays-Bas, et une série de stages chez les créateurs Dirk Bikkembergs, Joe Casely-Hayford et Alexander van Slobbe, Jeroen van Tuyl, depuis 1998, n'a cessé de développer sa marque de mode pour hommes. Depuis 2006, il est présent sur la plupart des défilés de mode masculine à Paris et il fait même partie de la programmation officielle. Sa troisième collection a été remarquée par le quotidien Le Monde qui a encensé dans un article son talent affirmé et « une collection réussie ». En dépit de ce succès dans la capitale de la mode, ce Hollandais d'origine reste fidèle à ses racines : le siège de sa société est établi à Rotterdam. C'est là que Jeroen van Tuyl dessine ses modèles remarquables aux découpes anguleuses, souvent très près du corps. Loin d'avoir une approche machiste de la mode, le créateur aspire à souligner la part tendre des hommes. Les adeptes de sa marque aiment en effet l'innovation, mais sans se départir d'un léger penchant pour la nostalgie.

Jeroen van Tuyl, Fall/Winter 2009/10

JUUN. J

JUUN.J

www.juunj.com

designer | Juun. J

shop | Kabuki Multibrand Store
13 Rue de Turbigo | 75002 Paris

INSIDER TIP FOOD

Usagi | www.usagi.fr
58 Rue de Saintonge | 75003 Paris

Juun J. always includes trench coats in his collections and continually reinterprets them. For this Korean designer it is not enough to make small changes to his favorite item of clothing. Sometimes he cuts the sleeves, completely reconstructs the shape, or turns the coat into a dress for men. That was how he managed to cause a stir with his debut at the Paris Men´s Fashion Week for Fall/Winter 2007/2008. The more work he puts into designing his trenches, the more discreet are the other pieces in the collection. It is also very important for him that his designs can be worn together. So, in making his garments, different pieces from the collection can be worn on top of one another to generate tension. From the start of his design career, when he graduated from the ESMOD school of fashion in Seoul in 1992, Juun J. has kept an aura of mystery in the fashion he designs. He also seeks inspiration in womenswear collections, which offer more possibilities for playing with shape, materials, and color. His austere collections frequently contain bright, shiny materials, softly draping fabrics, and androgynous silhouettes with small waists and broad shoulders on traditionally masculine angular elements. This retro-futurism or reinterpretation of classics makes the Korean artist, a key and quirky player on the Paris menswear fashion scene.

Jamais sans mon trench-coat ! Ce pourrait être la devise de Juun J. Toutes ses collections, en effet, font la part belle au trench qu'il revisite saison après saison, lui apportant chaque fois de subtiles modifications : avec manches séparables, sous forme de robe pour homme, ou complètement déstructuré – une caractéristique très remarquée lors de ses débuts à la semaine de la mode automne/hiver 2007/2008. Plus Juun J. s'applique dans la conception de ses trenchs, plus le reste de la collection semble réduit. Tout : en rendant possible la superposition de plusieurs éléments de la collection dans l'assemblage d'une tenue, un véritable suspense se crée. Diplômé d'ESMOD Séoul en 1992, Juun J. a su instaurer dans sa mode une aura de mystère à laquelle il se tient. Son inspiration, il la tire en partie de la mode féminine, qui offre des possibilités plus larges de jouer avec les formes, les matières et les couleurs. Ainsi, dans ses collections, les teintes sombres s'allient aux matières chatoyantes et aux étoffes fluides, tandis que les silhouettes androgynes à la taille fine, comme corsetée, et aux épaules larges, se parent de détails abruptement masculins, plus traditionnels. Ce futurisme rétro et la réinterprétation des classiques font du créateur coréen, né en 1967, l'un des stylistes pour homme les plus innovants de la mode parisienne.

JUUN. J. Fall/Winter 2011/12

JUUN. J. Fall/Winter 2011/12

JUUN. J. Fall/Winter 2011/12

JUUN. J. Spring/Summer 2011

USAGI

www.usagi.fr

58 Rue de Saintonge | 75003 Paris

usagi
restaurant

Hares, hares everywhere: on the tableware, painted on the wall, in the form of seaweed in the soup, and even in the shape of a giant statue that conceals the door to the bathrooms. Shinsuke Kawahara, the owner of this eccentric restaurant, has turned his obsession with these small animals into a temple of magnificent cuisine and eclectic decor. Here we find a mix of Japanese and French influences in the furniture and dishes alike. Highly recommended is the restaurant's latest outpost: Petit Usagi, on the Canal Saint-Martin, superbly decorated in a pure minimalistic style, where you can now enjoy a lunchtime tray of *bento*.

Ici, le lapin – *Usagi* en japonais – est roi : on en trouve peints sur la vaisselle ou les murs, sous forme d'algues dans la soupe, et les toilettes elles-mêmes se cachent à l'intérieur d'une statue géante à son effigie. Shinsuke Kawahara, le propriétaire de ce restaurant farfelu, a tiré profit de son obsession pour cette petite créature en créant un temple dédié à la bonne cuisine et à la décoration hétéroclite. Les influences françaises et japonaises se rencontrent sur les murs comme dans l'assiette. À noter, la dernière invention de l'accro des lapins : le Petit Usagi, sur le canal Saint-Martin, étonnamment minimaliste dans son décor, et où l'on peut désormais commander chaque midi sa Bento-Box à emporter.

Beautifully Handmade
More than clothing; where the body
ends and nature begins; pieces which
capture spirit, vitality, and sincerity.
100% natural wool blends.

©Lilly Marthe Ebener

LILLY MARTHE EBENER

www.lillymarthe-ebener.com

designer | Lilly Marthe Ebener

shop | By Marie
8 Avenue Goerge V | 75008 Paris

INSIDER TIP : FOOD

Guilo Guilo | www.guiloguilo.com
8 Rue Garreau | 75018 Paris

Each of the garments in Lilly Marthe Ebener's knitwear collection is in itself a small work of art. In the frenetic fashion circus, this designer takes time out to supervise everything involved in the manufacturing process of her products, down to the smallest details. That is why she presents just one collection per year. After three years as an assistant on French *Vogue*, the Swiss-born freelance stylist knows only too well the never-changing pace of bringing out collections. Indeed it is because of this she wanted to get fully involved in the making of her design pieces so she could have a say in the quality of the end product. A report on alpacas sparked her interest in the animal and its wool, which eventually ended up in a knitwear collection. She traveled to Peru for onsite training in the traditional methods of processing the extremely valuable baby alpaca wool. Finally, in Germany she found a team of weavers who today still hand-make her creations. For Lilly it is particularly important that each step in the manufacturing process not only be transparent and efficient but also respect the environment. The result is knitwear jackets, jersey dresses and accessories in shiny tones which are not just lovely to look at but also feel wonderful to touch.

Chacune des pièces de la collection de maille de Lilly Marthe Ebener est un petit chef-d'œuvre en soi. Refusant de se laisser happer par le tourbillon de la mode, cette créatrice suit en détail la fabrication de chaque produit, prenant ainsi le parti d'une collection annuelle unique. Après avoir travaillé trois ans comme assistante chez Vogue, en France, cette styliste indépendante née en Suisse ne connaît que trop bien le rythme changeant des collections. C'est pour cela qu'elle a choisi de se consacrer à la mode en s'impliquant de A à Z dans la confection de ses pièces afin d'avoir une influence décisive sur leur qualité. C'est un reportage sur les alpagas qui a éveillé sa curiosité pour les animaux à laine, l'amenant à créer sa ligne de tricots. Lilly Marthe Ebener s'est envolée au Pérou pour apprendre sur place le travail traditionnel de la précieuse laine de bébé alpaga. C'est en Allemagne qu'elle a fini par trouver une équipe de tricoteuses qui réalisent aujourd'hui ses vêtements à la main. Lilly tient particulièrement à ce que chaque étape du processus de fabrication soit transparente et respectueuse de l'environnement. Le résultat ? Des gilets, pulls et accessoires aux tons lumineux, beaux à regarder et douillets à porter.

Lily Marthe Ebener, Fall/Winter 2011/12

Lutz

LUTZ

www.lutzparis.com

designer | Lutz Huelle, David Ballu

shop | L'Éclaireur
9 Rue Hérold | 75001 Paris

INSIDER TIP : FOOD

Hotel du Nord | www.hoteldunord.org
102 Quai de Jemmapes | 75010 Paris

This company's philosophy is as unusual as the label's name: Lutz is neither sports nor casual wear, evening or high-end fashion. Lutz is everything rolled into one. A dress, for example, can transform into a coat, or a trench coat into a dress. Lutz Huelle, originally from Remscheid, was able to perfect his inclination for rethinking traditional clothing standards with Martin Margiela. The Belgian designer immediately contracted him when he graduated from Central Saint Martin's College, London. His partner, David Ballu, first worked for Jean Paul Gaultier, Rochas, and Alaïa before the pair decided to found their label together in Paris. With its multifunctional shape concept, they were especially acclaimed by the most daring members of the fashion scene. Two years later they were part of the official runway schedule. However, this did not cause them to turn their backs on either Paris Fashion Week or the select establishments where their clothes can be purchased, such as Printemps and L'Éclaireur.

Voilà une marque dont la philosophie sort des sentiers battus : la mode de Lutz n'est ni sport, ni *casual* ; elle n'est ni soirée, ni desing. Elle est tout cela à la fois : une robe, par exemple, peut devenir manteau, et un trench-coat, à l'inverse, se transformer en robe. Originaire de Remscheid, en Allemagne, Lutz Huelle a pu développer cette tendance à repenser les normes d'habillement traditionnelles auprès de Martin Margiela : le designer belge l'a embauché sitôt obtenu son diplôme de la Central Saint Martins à Londres. Quant à son comparse, le Français David Ballu, il a travaillé chez Jean Paul Gaultier, Rochas et Alaïa avant de créer avec Lutz leur label en 2000 à Paris. Avec leur concept de mode multifonction, ils ont aussitôt retenu l'attention de fashionistas convaincus et deux ans plus tard, ils font partie du programme officiel des défilés. Entre-temps, ils sont devenus incontournables, que ce soit lors de la semaine de la mode parisienne ou dans les rayons du Printemps et de l'Éclaireur.

HOTEL DU NORD

www.hoteldunord.org

102 Quai de Jemmapes | 75010 Paris

HOTEL DU NORD

This graceful French restaurant has been operating out of the old Hotel du Nord, with its legendary facade and which was immortalized in the eponymous 1938 film, since 2005. A coffee shop by day/bar by night, it is the first reference point for diehard fans of the fashion district around the picturesque Canal Saint Martin. Hotel du Nord offers an excellent lunch-time menu, with plush armchairs, candlelit tables, and stylish diners.

La façade mythique de l'ancien Hôtel du Nord – immortalisé en 1938 grâce au film du même nom – cache depuis 2005 un restaurant à l'ambiance romantique, typiquement à la française. Café en journée et bar le soir, c'est le lieu de prédilection des accros de ce quartier branché situé au bord du canal Saint-Martin. Mais que les fauteuils en peluche, l'éclairage à la chandelle et l'élégance des convives ne nous fassent pas oublier que l'Hôtel du Nord propose aussi une excellente cuisine.

MAL-AIMÉE

MAL-AIMÉE

www.mal-aimee.com

designer | Léonie Hostettler, Marius Borgeaud

online shop | www.mal-aimee.com

INSIDER TIP : CULTURE

Fondation Cartier
www.fondation.cartier.com
261 Boulevard Raspail | 75014 Paris

The name might mean "starved of affection", but Léonie Hostettler and Marius Borgeaud's fashion is anything but *mal aimée*. On the contrary, in 2010 the two designers won highly sought-after public funding from the city and canon of Geneva. The press reaction to their first runway show last October was also extremely positive. Their futuristic designs made the young designer duo the surprise revelation of Paris Fashion Week. They met at the Geneva School of Art and Design and relocated to Paris, where they began to prove themselves working at Nina Ricci under Olivier Theyskens. They established their own label in 2010. The motto makes their intentions clear: "Our goal is to create something completely new, a mix of Parisian chic, *haute couture* and a great deal of fantasy," they claim. And where better than in the French fashion metropolis? "For us, it is unquestionably the most inspiring city in the world," they say.

Contrairement à ce que laisse penser le nom de la marque, la mode de Léonie Hostettler et de Marius Borgeaud est loin d'être mal-aimée. Au contraire : en 2010, ce duo de créateurs a reçu le prix du Fonds cantonal d'art contemporain de la ville de Genève. La presse, elle, a réagi de façon enthousiaste dès les premiers défilés de la marque en octobre de l'année dernière. Avec leurs modèles futuristes, les jeunes designers ont créé l'événement lors de la semaine de la mode parisienne. Léonie Hostettler et Marius Borgeaud se sont rencontrés à la Haute école d'art et de design de Genève. Ensemble, ils rejoignent Paris pour travailler chez Nina Ricci et Olivier Theyskens où ils gagnent leurs premiers galons. En 2010, ils fondent leur propre marque. « Notre objectif est de créer quelque chose de novateur : un mélange de chic parisien, de haute couture et de folie », affirment-ils. Et où auraient-ils pu mieux le faire que dans la métropole française ? « Pour nous, c'est la ville la plus inspirante au monde ».

MAL-AIMÉE, Spring/Summer 2011

MAL-AIMÉE, Spring/Summer 2011

MAL-AIMÉE, Spring/Summer 2011

77

FONDATION CARTIER

www.fondation.cartier.com

261 Boulevard Raspail | 75014 Paris

Fondation *Cartier*
pour l'art contemporain

The Fondation Cartier, created in 1984 as a contemporary art foundation totally independent of its patron, the firm Cartier, is impressive for its innovative choice of exhibitions. The interesting and constantly changing one-man shows by artists including Takeshi Kitano, David Lynch, Patti Smith, Juergen Teller, and William Eggleston, cover themes such as street art, rock and roll, and the depopulation of towns. The futuristic building, designed by the architect Jean Nouvel in 2004, is a work of art in itself, thanks to the transparent panels that permit incredible plays of light.

Créée en 1984 pour encourager l'art contemporain par l'entrepreneur et mécène du même nom – dont elle est complètement indépendante – la Fondation Cartier impressionne par le choix avant-gardiste de ses programmations. Des thématiques comme l'art urbain, le rock'n'roll ou le déracinement des peuples sont déclinées en alternance avec des expositions d'artistes comme Takeshi Kitano, David Lynch, Patti Smith, Juergen Teller ou William Eggleston. Le bâtiment futuriste de la Fondation Cartier a été conçu en 1994 par l'architecte Jean Nouvel ; avec ses panneaux transparents permettant d'incroyables jeux de lumière, c'est en lui-même une œuvre d'art.

Maxime Simoëns, Fall/Winter 2011/12

MAXIME SIMOËNS

www.maximesimoens.com

designer | Maxime Simoëns

shop | Montaigne Market
57 Avenue Montaigne | 75008 Paris

INSIDER TIP : NIGHTLIFE
Curio Parlor | www.curioparlor.com
16 Rue des Bernardins | 75005 Paris

As a child, Maxime Simoëns loved drawing and going to the movies and the theater. With these creative and cultural interests, it is no surprise he went on to study applied arts in his home town of Lyon. His love of fashion soon led him to relocate to Paris, a city where he could build up experience with big-name designers like Jean Paul Gaultier, Christian Dior, and Balenciaga. But Maxime Simoëns had a dream: to design his own collection. He began in 2009 and was immediately nominated for the Hyères fashion festival award. Shortly afterward, he established his own label in Paris. The young talent's career rocketed and in 2010 he was admitted as an official member of the French fashion association *Chambre Syndicale de la Couture*. In January 2011, Maxime Simoëns presented his first *couture* collection which did well alongside established labels and was received with unprecedented enthusiasm. Drawing inspiration from female icons including Marie Antoinette and Sofia Coppola, he pitched an edgy fashion genre with architectural cuts and geometric shapes set off with a pinch of femininity.

Quand il était enfant, Maxime Simoëns aimait déjà dessiner, aller au cinéma et au théâtre. Attiré de longue date par la créativité et la culture, il n'est guère étonnant qu'il ait par la suite étudié les arts appliqués à Lyon, sa ville natale. Mais plus tard, c'est son amour pour la mode qui l'a mené à Paris, où il a pu faire ses classes sous la houlette de Jean-Paul Gaultier, Christian Dior et Balenciaga. Mais pour Maxime, c'était encore insuffisant : son rêve, c'était de dessiner sa propre collection. Il s'y est donc attelé en 2009 et s'est aussitôt vu nominé aux prix du festival de mode de Hyères. Fort de son succès, le jeune créateur ouvre sa propre maison à Paris. Ce jeune talent passe alors à la vitesse supérieure et depuis 2010, il est même devenu membre officiel de la Chambre syndicale de la haute couture. En 2011, il présente sa première collection qui parvient à s'émanciper des griffes reconnues et suscite l'enthousiasme du public. S'inspirant d'icônes féminines comme Marie-Antoinette et Sofia Coppola, il donne à voir une mode d'un genre nouveau, toute en découpes architecturales, formes géométriques, et marquée d'un soupçon de féminité.

Maxime Simoëns, Fall/Winter 2011/12

CURIO PARLOR

www.curioparlor.com

16 Rue des Bernardins | 75005 Paris

Dissected animals and exquisite cocktails? Welcome to Curio Parlor. Here, winding down with a cocktail is an extraordinary experience that brings a touch of big-city Manhattan glamour to Paris's Latin district. Sipping any of the heady alcoholic beverages on offer under the shaded light of the chandeliers, this venue is *the* place to whisper compliments and get elegantly tipsy. The recipe for success of this cocktail bar run by the three friends Olivier, Romée, and Pierre-Charles, is that it guarantees carefully organized evenings that could be classified as "extremely elegant".

Bienvenue au Curio Parlor, un trésor caché, paradis des animaux empaillés et des cocktails de rêve ! Ici, c'est un peu de l'esprit de Manhattan qui souffle dans le Quartier latin. Sous la lumière tamisée des grands lustres, en savourant l'une ou l'autre des boissons fortes mais raffinées proposées par la maison, l'ambiance est propice aux mots doux et à une griserie légère. Une visite au Curio Parlor, c'est la garantie d'une fin de soirée réussie. Leurs fondateurs, Olivier, Romée et Pierre-Charles, affirment que le secret de leur succès tient tout entier dans « le style ».

Peachoo Krejjberg, Fall/Winter 2011/12

P E A C H O O +
K R E J B E R G

PEACHOO+ KREJBERG

designer | Peachoo Datwani, Roy Krejberg

shop | L'Éclaireur
9 Rue Hérold | 75001 Paris

They draw their inspiration from architectural methods when designing their pieces in which old-style craftsmanship is combined with traditional *couture* techniques. Peachoo Datwani originally from India, and Roy Krejberg who comes from Denmark, have reach their eponymous label from very different career paths. Peachoo spent many years collaborating in the design and development of a French womenswear fashion firm before beginning to show her own work in diverse interior design galleries under her own name. After studying at the Danish Academy of Fashion and Design, Roy worked, among other things, as the head designer at Kenzo before becoming the creative director of the fashion label Kenzo Homme. The collections of these two Parisians-by-choice are distinguished by an interaction of asymmetrical cuts, unusual fabrics, and delicate, feminine details. Instead of seeking a new reference for each collection, Peachoo and Krejberg prefer to work with the immediate present, drawing inspiration from a wide range of cultures and contemporary lifestyles.

Ils s'inspirent de méthodes architecturales pour dessiner leurs modèles et associent dans cette approche l'artisanat ancien aux techniques de couture traditionnelles. Depuis 2004, Peachoo Datwani, Indienne d'origine, et le Danois Roy Krejberg développent ensemble la marque éponyme et ce, en dépit de parcours radicalement différents. La styliste Peachoo a longtemps travaillé à la conception et au développement d'une entreprise française de confection féminine avant d'exposer en galeries ses créations de décorations d'intérieur sous son nom. Après des études à la Danish Academy of Fashion and Design, Roy a travaillé, entre autres, pour Kenzo avant de devenir directeur artistique de la ligne Kenzo Homme. La mode de ces deux Parisiens d'élection se caractérise par l'interaction de coupes asymétriques, d'étoffes atypiques et de détails féminins et raffinés. Au lieu de chercher une nouvelle source d'inspiration pour chaque collection, les deux créateurs préfèrent attendre le dernier moment et se laisser emporter par les cultures les plus diverses et les modes de vie actuels.

Peachoo Krejberg, Fall/Winter 2011/12

Peachoo Krejberg, Spring/Summer 2011

Mod.: 15M03

REQUIEM

www.maisonrequiem.com

designer | Raffaele Borriello

shop | Montaigne Market
57 Avenue Montaigne | 75008 Paris

INSIDER TIP : CULTURE

Cinema La Pagode | www.etoile-cinema.com
57 Bis Rue Babylone | 75007 Paris

With his brand Requiem, Raffaele Borriello demonstrates that *haute couture* and rock n' roll are concepts that can sometimes be united: his fashion-forward designs have that touch of mischievousness that causes the so-called wow effect. "My dresses are elegant and you can dance and enjoy yourself wearing them," the Italian designer explains. After graduating from the Rome Fashion Academy he relocated to Paris where he worked as an assistant at Balmain. Later he went to work at Gucci under the direction of Tom Ford and then to Sonia Rykiel and Yves Saint Laurent. He set up his own label in 2005 together with Julien Desselle, but who left the company in 2009. "Even when I was studying I dreamt about moving to the French capital. The big fashion houses of Paris have always inspired me," Borriello says. It was clear then that he would end up establishing his atelier in Paris. Since then the designer has created his own *couture* house and become a permanent fixture on the Parisian fashion scene.

Haute couture et rock'n'roll sont deux notions qui, de l'avis général, ne font pas bon ménage. Pourtant, avec sa marque Requiem, Raffaele Borriello démontre tout le contraire : ses modèles avant-gardistes ont un petit côté débauché tout à fait bluffant. « Mes vêtements sont élégants et avec eux, on peut danser en toute liberté », affirme le créateur italien. Après ses études à l'Accademia della Moda à Rome, il a rejoint Paris pour être assistant chez Balmain. Il a ensuite travaillé sous la houlette de Tom Ford chez Gucci, puis pour Sonia Rykiel et Yves Saint Laurent. En 2005, il a fondé sa marque avec Julien Dessel, lequel a quitté l'entreprise dès 2009. « Durant mes études, je rêvais déjà de venir habiter à Paris. Les grandes maisons de couture parisienne m'ont toujours inspiré », confie Borriello. Il était donc évident qu'il établirait son atelier dans la capitale française. Entre-temps, le créateur a créé sa propre maison de couture et est désormais partie prenante du milieu parisien de la mode.

Requiem, Fall/Winter 2011/12

Recuiem, Fall/Winter 2011/12

Requiem, Fall/Winter 2011/12

SEÏKO TAKI

SEÏKO TAKI

www.seiko-taki-paris.com

designer | Seïko Taki

online shop | www.seiko-taki-paris.com

INSIDER TIP : CULTURE

Galerie Thaddaeus Ropac | www.ropac.net
7 Rue Debelleyme | 75003 Paris

Her fashion comes straight from the heart because, as Seïko Taki puts it, "the heart is our most precious possession, the doorway to happiness and love". The designer's goal is to represent the ideal concept of a woman in her creations which are romantic, childish, and natural all at the same time. This Japanese-born Paris resident defines her style and her creative logo as "natural rock"; "natural", for human nature, and "rock" for its shape and style. The winner of the 080 Barcelona Fashion Award 2009, combines romantic and feminine chic with masculine details. After finishing her fashion design studies at the ESMOD International Fashion School in Tokyo and the École Supérieure des Modélistes du Vêtement Femme in Paris, she worked for Benoît Missolin and Anne Valérie Hash before setting up her own label in 2007. This former teacher of *ikebana*, the Japanese art of floral arrangement, today designs sophisticated dresses which, despite the initial impression of confusion, are highly feminine.

La mode de Seïko Taki vient droit du cœur car, dit-elle, « le cœur est la porte du bonheur et de l'amour ». À travers ses modèles, elle cherche à transcender sa vision de la femme idéale, à la fois romantique, enfantine et naturelle. *Natural Rock*, c'est ainsi que la créatrice établie à Paris qualifie son style et la thématique de ses collections. *Natural* pour l'essence de l'être humain, et *Rock* pour la forme et le style. La lauréate des « 080 Barcelona Fashion Awards 2009 » marie le chic féminin et romantique à des détails masculins. Avant de créer sa marque en 2007, la créatrice japonaise a fait ses études à l'ESMOD de Tokyo et à l'École supérieure internationale des modélistes du vêtement femme à Paris, après quoi elle a travaillé pour Benoît Missolin et Anne Valérie Hash. Cette ancienne étudiante de *l'ikebana*, l'art japonais de l'arrangement floral, dessine aujourd'hui des vêtements raffinés qui, malgré un premier abord confus, restent ultra féminins.

Seiko Taki, Spring/Summer 2011

Seiko Taki, Fall/Winter 2009/10

SHARON WAUCHOB

www.sharonwauchob.com

designer | Sharon Wauchob

shop | L'Éclaireur
10 Rue Boissy d'Anglas | 75008 Paris

INSIDER TIP | FOOD

Le Derrière | www.derriere-resto.com
69 Rue des Gravilliers | 75003 Paris

Sharon Wauchob has been presenting her collections at Paris Fashion Week since 2003 and is one of the few British designers to have joined the official runway schedule. And doesn't she deserve it! Her sophisticated dresses are successful and modern takes on Parisian chic. A look at her career path suggests why; she graduated from London's Central Saint Martin's College of Art and Design in 1993 and worked as a designer at Louis Vuitton for many years before finally founding her own label in Paris in 1999. As before, she still holds on to her good contacts within the LVMH luxury goods consortium. Last year she collaborated with Louis Vuitton at the Shanghai World Expo and was the creative director of the eco-fashion label Edun, part of the LVMH group. However, her big passion is still her own designs. As she said in an interview, "I love the enthusiasm that fashion creates when you really work at it." In Sharon Wauchob's case, the proof lies in the more than 120 stores in more than 40 countries where her creations are available.

Depuis 2003, les collections de Sharon Wauchob sont au rendez-vous des semaines de la mode parisiennes. C'est l'une des rares créatrices britanniques à s'être hissée dans la programmation officielle. Honneur mérité, car ses modèles raffinés sont une interprétation moderne très réussie du chic parisien. À voir son parcours, ce n'est guère surprenant : diplômée du Central Saint Martins College de Londres en 1993, elle a longtemps travaillé pour Louis Vuitton. En 1999, elle fonde sa marque à Paris et entretient depuis d'excellents rapports avec le groupe de luxe LVMH. En 2010, elle s'associe à Louis Vuitton lors de l'Exposition universelle à Shangaï. Par ailleurs, elle est directrice artistique pour la marque éthique Edun, qui fait aussi partie du groupe LVMH. Depuis toujours, sa grande passion est de réaliser ses modèles. « J'aime cet enthousiasme suscité par la mode quand on peut la porter sur soi », déclare-t-elle. Un enthousiasme sensible dans les quelque 120 boutiques, établies dans plus de 40 pays, qui distribuent ses collections.

Sharon Wauchob, Fall/Winter 2010/11

LE DERRIÈRE

www.derriere-resto.com

69 Rue des Gravilliers | 75003 Paris

DERRIÈRE

Le Derrière is a multicolored mix of pieces picked up at flea markets, designer furniture, and everyday items which somehow work well in this extravagant decor. With Le Derrière, Mourad Mazouz, a legend in Parisian gastronomy and founder of the Momo Empire, has created a place that serves delicious food and where you feel like you're at the home of some good friends. The restaurant is located in the interior courtyard of Mazouz's other restaurants, the Andy Wahloo and Le 404. As well as a room with a ping-pong table, a living room with a TV corner, and a bedroom with a king-sized bed, there is a well-hidden smoking room, according to the rumor going round the hip Paris crowd.

Derrière est un mélange hétéroclite de pièces dénichées aux puces, de mobilier design et de convives qui se fondent sans mal à ce décor farfelu. Mourad Mazouz, légende de la gastronomie parisienne et fondateur de l'empire « Momo », a ouvert le Derrière dans l'arrière-cour de ses autres restaurants, le 404 et le Andy Wahloo. Un lieu convivial, comme chez de bons copains, où l'on se régale. Outre le salon équipé d'une table de ping-pong, la salle avec coin télé et la chambre doté d'un lit King size, l'endroit abrite un fumoir caché derrière une armoire à double fond dont les hipsters parisiens font des gorges chaudes.

· SURFACE TO AIR ·

SURFACE TO AIR

www.surfacetoair.com

designer | Kollektiv

flagship store
108 Rue Veille du Temple | 75003 Paris

INSIDER TIP : FOOD

La Fidélité | www.lafidelite.com
12 Rue de la Fidélité | 75010 Paris

More than a fashion label, Surface to Air is a group of friends that have been united through the creativity they all possess since the year 2000. The Parisian *troupe* made a name for itself with a gallery near the Louvre, where it organized exhibitions with street artists including Banksy, Faile, and Dash Snow. Its interdisciplinary initiatives are also echoed in the group's structure as it is divided into different categories: graphic arts, photography, film, music, and, of course, fashion. The strong influences of contemporary popular-culture trends are reflected in the projects characterized by a functional and affordable modern elegance. The Surface to Air collection is continually being embellished with everything from patterned T-shirts and jeans to suits and dresses. For music fans, the name of the brand might also ring some bells as a music producer, having shot videos for The Streets, Chromeo, Pharrell, and Kid Cudi. The clip for the Justice track "We Are Your Friends" won the group the best video prize at the MTV Europe Music Awards.

Plus qu'une marque de mode, Surface to Air est un collectif qui, depuis 2000, fait se rencontrer de nombreux créateurs. La troupe parisienne s'est fait connaître avec sa galerie aux alentours du Louvre où elle a organisé des expositions d'artistes urbains comme Banksy, Faile ou Dash Snow. Ses actions interdisciplinaires ont eu des répercussions sur la structure même du groupe qui s'est scindé en différentes catégories : art graphique, photo, vidéo, musique et mode. Marqué par les tendances actuelles de la pop-culture, Surface to Air les projette dans ses modèles qui incarnent une élégance moderne fonctionnelle et abordable. Avec des T-shirts imprimés, des jeans, des costumes et des robes, la collection ne cesse de s'enrichir. Les amateurs de musique ne sont pas en reste puisque Surface to Air a déjà produit des vidéos pour The Streets, Chromeo, Pharrell et Kid Cuti. Leur clip pour la chanson « We are your friends » de Justice a même remporté, en 2006, le prix de la Meilleure vidéo lors des MTV Europe Music Awards.

Surface to Air, Spring/Summer 2011

Surface to Air, Spring/Summer 2011

LA FIDÉLITÉ

www.lafidelite.com

12 Rue de la Fidélité | 75010 Paris

LA FIDELITE

This historic bistro can be found tucked away among the side streets that join Faubourg St. Denis with the major boulevards. La Fidélité, a reference point for nightlife lovers, the curious and the gourmets for a long time, is currently in the excellent care of André and Lionel, an inseparable couple and who form an essential part of the Parisian nightlife. The pair has brought it back to life with a beer hall that's like something from the turn of the century and its cuisine is refined and unpretentious. Today, coming here to dine with friends in this pleasant atmosphere as important as seeing and being seen.

Ce bistro typique datant du 19ᵉ siècle est niché dans les petites rues à proximité du Faubourg Saint-Denis et des grands boulevards. Repaire de longue date des noctambules, des curieux et des gourmets, La Fidélité est aujourd'hui entre d'excellentes mains, celles d'André et Lionel, l'inséparable et incontournable duo des nuits branchées parisiennes. Avec ses allures de brasserie fin de siècle et sa cuisine raffinée mais sans fioriture, ils ont réussi à faire renaître La Fidélité de ses cendres. Aujourd'hui, on peut venir ici entre amis, pour dîner dans une ambiance paisible, mais aussi pour voir et être vu.

TIM VAN STEENBERGEN

TIM VAN STEENBERGEN

www.timvansteenbergen.com

designer | Tim van Steenbergen

shop | Luc.Duchene
10 Rue Castiglione | 75001 Paris

INSIDER TIP | CULTURE

Théâtre de la Ville
www.theatredelaville-paris.com
2 Place du Châtelet | 75004 Paris

What Tim van Steenbergen seeks from fashion is authenticity and craftsmanship. Exceptional quality and incomparable assembly distinguish him from other traditional dressmaking labels. His goal is to bring out skilled craftsmanship and its traditional values in modern designs. Each of his pieces is created by hand on the mannequin to give it a unique outline and cut. This traditional construction process and the draping technique are the foundations of his exclusive collections.

Tim van Steenbergen graduated *magna cum laude* from his fashion design studies at the Antwerp Royal Academy of Fine Arts. He completed his training with drapery and *couture* courses, before gaining more hands-on experience as an assistant to Olivier Theyskens. After presenting his first collection in Paris in 2002, his purist womenswear label is currently represented with great success around the world. The many and varied collaborations give voice to his great creative diversity: he is the art director of the label Luc.Duchene, has created beautiful jewelry for Swarovski UK, shoes for the brand Novella Italia, and has not only designed clothes for Barbie, but also worked on international film, theater, ballet, and opera productions.

Ce que Tim van Steenbergen recherche, dans la mode, c'est l'authenticité et la délicatesse. Il se démarque des autres labels de confection traditionnelle par la qualité exceptionnelle et le montage incomparable de ses modèles. Son but ? Combiner savoir-faire à l'ancienne et design moderne. Ainsi, chaque création est façonnée à la main sur mannequin afin d'obtenir une silhouette unique. Ce procédé de montage traditionnel constitue, avec la technique du drapé, la base de sa remarquable collection.

Tim van Steenbergen a obtenu son diplôme de design de mode avec les honneurs à l'Académie royale des beaux-arts d'Anvers et a complété sa formation en suivant des cours de techniques de coupes et de drapés avant d'assister Olivier Theyskens lors d'un stage. Après sa première collection, présentée en 2002 à Paris, sa mode pure et féminine suscite une adhésion internationale. Comme le montrent ses participations à divers projets, la créativité de Tim van Steenbergen s'exprime dans de nombreux domaines : il est directeur artistique chez Luc.Duchene, crée des bijoux pour Swarovski, des chaussures pour Novella Italia, a conçu une tenue pour Barbie, sans compter des costumes pour des films, pièces de théâtre et des spectacles de danse et d'opéra.

Tim van Steenbergen, Fall/Winter 2011/12

LUXURY FASHION

INTRO

Parisian chic is inevitably associated with luxury, the traditional fashion houses such as Christian Dior and Chanel, and *haute couture*. In the 1980s, six former students of the Antwerp Royal Academy of Fine Arts brought winds of change to the world of Paris fashion, shaking up the established values of the city's fashion scene. The intellectually *avant-garde* ideas of the "Antwerp Six", which included Martin Margiela, helped to redefine the high-end concept in Paris, and the city has been much more than just the home of *haute couture* and chic elegance ever since. In the chapter *Luxury Fashion*, the designers present inimitable collections. They plump for individualization and their models incarnate each one's dream of achieving the exceptional and standing out from the crowd. To be able to do this while maintaining the high value of their collections, they employ exclusive materials of the most expensive quality. As a guide for the initiated, this chapter does not show the extremely well-known houses but focuses on the city's high-end designers who, although they may not have built up an age-old history, have triumphed far and wide with their excellent collections, opening up a new chapter in the development of Parisian fashion. Their characteristic trait is luxury defined as a symbiosis of exclusivity, modernity, and innovation.

Le chic parisien est indissociable du luxe et de la haute couture, et évoque de grands noms comme Christian Dior et Coco Chanel. Dans les années 1980, six élèves de l'Académie royale des beaux-arts d'Anvers sont venus apporter un souffle de nouveauté et bousculer les valeurs établies de la mode parisienne. Ceux que l'on appelle les « Six d'Anvers » – rejoints par Martin Margiela – s'attachent à redéfinir la notion même de luxe à travers leurs idées avant-gardistes. Celle-ci n'est plus restreinte, désormais, à la haute couture et au chic élitiste. Les créateurs du chapitre *Luxury Fashion* présentent des collections sans pareil. Ils parient sur l'individualisation et leurs modèlent incarnent le rêve qu'a chacun de se détacher de la masse pour devenir unique. Ils misent sur la noblesse et le coût des matières employées pour assurer à leurs modèles une qualité qui les démarque des autres.

Ce chapitre sera donc consacré, non pas aux marques légendaires du luxe, mais à celles qui, sans pouvoir s'enorgueillir d'un siècle d'histoire, ont pourtant su obtenir une reconnaissance internationale grâce à des collections d'une rare qualité. Grâce à elles, c'est une nouvelle page de la mode parisienne qui se tourne. Une page, certes, consacrée au luxe, mais qui se définit désormais comme la symbiose de l'exclusivité, de la modernité et de l'innovation.

ALEXIS MABILLE

ALEXIS MABILLE

www.alexismabille.com

designer | Alexis Mabille

shop | Le Bon Marché
24 Rue de Sèvres | 75007 Paris

INSIDER TIP ⋮ NIGHTLIFE

Le Carmen | www.le-carmen.fr
34 Rue Duperré | 75009 Paris

Alexis Mabille's skill lies in creating a combination of good taste and feminine cuts which captivate you at first sight. His ready-to-wear and *haute-couture* collections are both the archetype of Parisian chic. They blend classic elements with groundbreaking cuts and fantasy details such as the ribbons with which he likes to adorn his creations. In his home town of Lyon, Alexis Mabille began to flirt reflexively with fashion at a very young age. Before starting to create real dresses and party costumes as a teenager, he enjoyed transforming all manner of old garments he came across in his mother's wardrobe. As befits a budding fashion creator, he soon moved to Paris, where he learnt the trade from scratch. After obtaining a diploma from Paris's Chambre Syndicale de la Haute Couture in 1997, he undertook apprenticeships at famed fashion houses including Christian Dior. He has been successfully presenting his creations under his own name since 2005. As well as clothes and different accessories, today Alexis Mabille also makes extremely acceptable bright, glamorous jewelry.

Créer des alliances pleines de style et des coupes féminines romantiques qui séduisent au premier coup d'œil, c'est tout l'art d'Alexis Mabille. Ses collections, en prêt-à-porter ou en haute couture, sont l'archétype du chic parisien. Elles mêlent des classiques du vestiaire retaillés de façon innovante à des détails fantaisistes comme les nœuds papillon dont il agrémente volontiers ses créations, et qui ont contribué à le faire connaître.
Tout jeune, dans sa ville natale de Lyon, Alexis Mabille entretient avec la mode des rapports à la fois ludiques et réfléchis. Il s'amuse à découdre et transformer toute sorte de nippes dénichées dans les armoires de sa mère ; adolescent, il parvient à concevoir de véritables costumes de scène et tenues de soirée. Comme tout jeune créateur qui se respecte, il part alors s'établir à Paris où il repart de zéro pour apprendre son métier. En 1997, il décroche son diplôme de la Chambre syndicale de la haute couture puis travaille avec quelques grands noms comme Christian Dior. Depuis 2005, il présente ses modèles en solo avec le succès qu'on connaît. Outre ses vêtements et divers accessoires, Alexis Mabille crée également des bijoux glamour et délurés plus que convaincants.

Alexis Mabille, Couture, Spring/Summer 2011

Alexis Mabille, Couture, Spring/Summer 2011

Alexis Mabille, Couture, Spring/Summer 2011

CARMEN

www.le-carmen.fr

34 rue Duperré | 75009 Paris

The trendiest DJs in town today perform at the former mansion of French composer Georges Bizet, located in the old Chinese district around Pigalle. Here Paris's in-crowd drink and dance beneath old glass chandeliers and stucco ceilings and on the slightly shabby carpets which only add to the charm of the place. The magnificent décor, which has been preserved almost in its original state, and the stupendous concerts, have changed Le Carmen from something of a secret into one of the funkiest and liveliest places in town, despite, or maybe because of, how well-hidden the entrance is.

L'ancien hôtel particulier du compositeur Georges Bizet, situé aux abords du quartier chaud de Pigalle, est devenu l'antre des DJ les plus en vogue actuellement. Les plafonds en stuc, les lustres rococos et les tapis un peu passés contribuent au charme irrésistible du lieu qui accueille la faune parisienne branchée venue boire et danser. Son somptueux mobilier, conservé presque à l'original, et les concerts qui s'y déroulent régulièrement, ont vite fait de cet endroit assez confidentiel un point de ralliement incontournable des hipsters. Et ce malgré – ou peut-être grâce à – son entrée bien cachée.

ANNE VALÉRIE HASH

ANNE VALERIE HASH

www.a-v-h.com

designer | Anne Valérie Hash

shop | Le Bon Marché
24 Rue de Sèvres | 75007 Paris

INSIDER TIP : VINTAGE SHOPPING

Didier Ludot | www.didierludot.fr
24 Galerie Montpensier | 75001 Paris

Anne Valérie Hash's creations are not made from drawings but are draped directly onto the mannequin. This is the secret to the lightless and fluidity that characterize her models. A Parisian through and through, her relaxed style perfectly personifies the simplicity of French elegance. As well as the main line created in 2001, this versatile artist has also designed a *haute couture* collection, the children's line "Anne Valérie Hash Mademoiselle" and, since 2010, a second, more commercial line called AVHASH by Anne Valérie Hash. Trained at the Paris Chambre Syndicale de la Couture, she perfected her trade working with Chanel, Chloé, and Carven. She herself acknowledges the huge influence her working with Nina Ricci had on her, where she had to unpick and then resew *haute couture* gowns. Anne Valérie Hash has been applying the technique ever since. For example, she integrates elements of masculine clothes into her designs which, after passing through her hands, are magically transformed into sheer feminine dresses or a casual jumpsuit, her favorite piece.

Les créations d'Anne Valérie Hash ne naissent pas de croquis, mais de drapés réalisés à la main sur les mannequins. C'est le secret de la légèreté et de la fluidité qui caractérisent ses modèles. Le style décontracté de cette Parisienne de souche incarne parfaitement la simplicité de l'élégance à la française. Outre sa collection de base, lancée en 2001, cette créatrice aux multiples talents est aussi l'auteur d'une ligne haute couture pour fillettes, « Anne Valérie Hash Mademoiselle » ainsi que, depuis 2010, d'une ligne plus commerciale, AVHASH by Anne Valérie Hash. Formée à la Chambre syndicale de la haute couture, elle a fait ses armes chez Chanel, Chloé et Carven. La créatrice se dit très influencée par son expérience chez Nina Ricci où elle devait déconstruire les modèles haute couture pour les réassembler. Une technique qu'Anne Valérie Hash applique depuis lors. Elle intègre ainsi des éléments vestimentaires masculins dans ses modèles qui, entre ses mains, se transforment comme par magie en tenues féminines évanescentes ou en combinaisons décontractées, sa pièce de prédilection.

Anne Valérie Hash, Fall/Winter 2011/12

126

Anne Valérie Hash, Fall/Winter 2011/12

Anne Valérie Hash, Spring/Summe 2011

127

DAMIR DOMA

DAMIR DOMA

www.damirdoma.com

designer | Damir Doma

flagship store
6 Rue des Arquebusiers | 75003 Paris

INSIDER TIP FOOD
Anahi | 49 Rue Volta | 75003 Paris

With well thought-out sensitivity, Damir Doma works like a poet to give soul to his creations. His mysterious and melancholy collections bring a pleasant and intellectual air to the colorful Parisian fashion scene.

Despite the reassuring tranquility that his fashion conveys, the contrasts that make his fashion sharp and interesting produce a harmonious tension. He combines valuable materials like leather and cashmere with softly falling fabrics such as chiffon and silk, classic elements in voluminously draped silhouettes, and purist lines in layered garments.

The son of Croatian parents, he was raised in Germany, and after studying fashion design in Munich and Berlin expanded his knowledge with Dirk Schönberger and Raf Simons in Antwerp. The latter acted as a mentor for his exceptional instinct for fashion and art. Damir Doma presented his own menswear line in 2006 and since March 2010 has been working on a womenswear collection that perfectly crystallizes his aspirations of elegance, intellect, and modernity.

Damir Doma est un poète : ses créations ont une âme. Ses collections mystérieuses et entachées de mélancolie font souffler un petit vent intellectuel bien agréable sur la scène haute en couleurs de la mode parisienne.

En dépit du calme et de l'assurance qui émanent de sa mode, les contrastes posés de façon pertinente aboutissent à une sophistication harmonieuse : les matières comme le cuir et le cachemire se marient à des tissus fluides comme la soie ou la gaze, les détails classiques s'associent aux silhouettes ceintes de drapés avant-gardistes ou les lignes épurées se fondent à des tenues tout en superpositions.

Né de parents croates, Damir a grandi en Allemagne. Il étudie le design de mode à Munich et Berlin avant de faire des stages chez Dirk Schönberger et Raf Simons à Anvers qui lui transmet son goût subtil pour la mode et l'art. Après le lancement de sa ligne masculine, en 2006, il a conçu en mars 2010 une collection pour femmes qui cristallise parfaitement ses aspirations à l'élégance, à l'intellect et à la modernité.

Damir Doma, Fall/Winter 2011/12

Damir Doma, Spring/Summer 2011

Damir Doma, Fall/Winter 2011/12

Damir Doma, Fall/Winter 2011/12

GUSTAVO LINS

www.gustavolins.com

designer | Gustavo Lins

shop | L´Éclaireur
9 Rue Hérold | 75001 Paris

....
INSIDER TIP : CULTURE

Les Archives de la Presse
www.lesarchivesdelapresse.com
51 Rue des Archives | 75003 Paris
....

GUSTAVOLINS

For Gustavo Lins, Paris is not just the center of fashion but it's the hub and meeting point between East and West, North and South. His sources of inspiration come from all the points of the compass. The origin of many of this Brazilian's models is the traditional Japanese kimono, a cut he combines with classic elements of women's and menswear. The basis of his creations is always the anatomy of the human body, and his creations are born as a three-dimensional construction built around it. It is understandable, then, that Gustavo himself should describe his creations as a "lived-in space". Even less surprising is the way in which he approaches them, as he is an architect by trade. He decided quite early on that he would prefer to work with silk and linen rather than glass and steel. He relocated to Paris and quickly made a name for himself as an excellent pattern-maker in the ateliers of Louis Vuitton, Kenzo, Jean Paul Gaultier, and John Galliano. Since then, Gustavo Lins has even become a recognized member of the Paris Chambre Syndicale de la Haute Couture. He has designed both men's and womenswear for his own brand that he founded in 2003, smoothing over the transition between the two through using one style.

Pour le Brésilien Gustavo Lins, Paris est non seulement le centre de la mode, mais aussi un axe entre l'est et l'ouest, le nord et le sud. Ses sources d'inspirations proviennent de tous horizons. Le kimono traditionnel japonais, par exemple, est à l'origine de nombre de ses modèles ; il l'associe à des éléments classiques des vestiaires masculins et féminins. La base de ses créations reste l'anatomie du corps masculin, et ses vêtements naissent comme une construction 3D bâtie autour de cette anatomie. On comprend donc que Gustavo Lins décrive ses modèles comme des « espaces habités ». Cette approche n'est guère surprenante quand on sait qu'il est architecte de formation. Très tôt, il a remarqué qu'il préférait construire à partir de soie et de lin plutôt que de verre et d'acier. Il a donc émigré à Paris où il s'est fait un nom en tant que modéliste dans les ateliers de Louis Vuitton, Kenzo, Jean-Paul Gaultier et John Galliano. Depuis, Gustavo Lins est officiellement devenu membre de la Chambre syndicale de la haute couture. En ouvrant sa maison en 2003, il a dessiné des collections pour femmes et hommes où la frontière entre les deux sexes est fluctuante et ténue, ce qui met les deux lignes sur la même longueur d'ondes.

Gustavo Lins, Spring/Summer 2011

ISABEL MARANT

ISABEL MARANT

www.isabelmarant.tm.fr

designer | Isabel Marant

flagship store
47 Rue de Saintonge | 75003 Paris

INSIDER TIP FOOD
Marché des Enfants Rouges
39 Rue de Bretagne | 75003 Paris

Isabel Marant is convinced that "without desire, there wouldn't be any fashion". That is why she designs clothes which, in her opinion, women and girls want. She is also the first person to try on each of her creations. "If I like it, my clients will like it," she says, not unreasonably. Her name is on the lips of style-setters the world over, and not just in Paris, where she has opened three flagship stores on Rue de Charonne, Rue Jacob, and Rue de Saintonge. The recently opened New York store often has trouble keeping the stock on its shelves and racks, as fashion-frantic New Yorkers quite literally grab the goods from her hands. The most extraordinary thing about Isabel Marant designs is how easy they are to wear and the way they adapt perfectly to any wardrobe, albeit revaluing it with their singularity. Her dresses and accessories have become must-haves, too. Quite often she designs the odd essential piece that all the journalists at Paris Fashion Week end up wearing. Comfortable and pragmatic, sportswear and embroidery, contrast and poetry are key words in the fashion of Isabel Marant, who wants above all for her creations to give the customer a modern, feminine look.

« Sans désir, il n'y a pas de mode possible » assure Isabel Marant. Voilà pourquoi elle conçoit des vêtements qui correspondent, selon elle, aux envies des femmes et des jeunes filles. La créatrice essaie sur elle chacun de ses modèles : « S'ils me plaisent, ils plairont aussi à mes clientes », affirme-t-elle avec raison. Sa renommée s'étend bien au-delà des trois *flagship stores* parisiens des rues de Charonne, Jacob et de Saintonge, puisqu'elle est désormais connue dans le monde entier. Son magasin new-yorkais, ouvert depuis peu, rencontre régulièrement des problèmes d'approvisionnement car les fashionistas locales s'arrachent littéralement ses créations. La spécificité de la mode d'Isabel Marant, c'est qu'elle se porte facilement et s'intègre parfaitement à une garde-robe existante dont elle rehausse la qualité par son caractère et son style. Par ailleurs, ses vêtements comme ses accessoires possèdent ce « truc en plus » qui les rend incontournables. Ainsi, elle parvient à créer de façon régulière des « must-have » portés par toutes les rédactrices de mode pendant la semaine de la mode parisienne. Confort et pragmatisme, sportswear et maille, contraste et poésie sont les maîtres mots de la mode d'Isabel Marant qui entend avant tout, à travers ses créations, conférer à ses clientes une aura moderne et féminine.

Isabel Marant, Spring/Summer 2010

KRISVANASSCHE

KRISVANASSCHE

www.krisvanassche.com

designer | Kris Van Assche

shop | Printemps de l'Homme
62 Boulevard Haussmann | 75009 Paris

> **INSIDER TIP** : CULTURE
> Cinémathèque Française
> www.cinematheque.fr
> 51 Rue de Bercy | 75012 Paris

Muted, somber, and dusty nuances character-ize Kris Van Assche collections, which could be called many things but bright would not be one of them. This is hardly surprising consider-ing that the designer's source of inspiration can be dirt on a workman's hands. Despite the of-ten cold appearance, his creations are not sad but light, and made from materials you long to touch. The star piece of his work is the modern suit, which he creates by transforming elements from sportswear and uniforms to achieve a radi-cal rejuvenation of this menswear classic. He says his target public is a boy on the verge of manhood who will one day want to trade in his beloved sweats for a suit. His designs make you feel good about yourself no matter what, and maintain a casual, rather than *petit bourgeois*, look. As well as working on his own label, found-ed in 2004, this Belgian born in 1976 is also in charge of creative direction at Dior Homme. It was at Dior that he perfected his craft, spend-ing many years alongside Hedi Slimane until fi-nally taking up his current position in 2007. Kris Van Assche is also the name behind surprising projects such as his own magazine, named after his home town of Londerzeel. He has also orga-nized exhibitions in Hyères and Paris.

La marque de fabrique des collections de Kris Van Assche, ce sont des tons pâles, sombres et presque poussiéreux – des couleurs qui sont tout, sauf vives. Guère étonnant quand on sait que le créateur trouve son inspiration dans la poussière collée aux mains des ouvriers. En dépit de cette froideur gracieuse, ses modèles ne sont pas tristes mais légers, et réalisés dans des matières que l'on a envie de toucher. La pièce maîtresse de son travail, c'est le costume. Il le crée sur une base d'éléments de sports-wear et d'uniforme qui rajeunissent radicale-ment la mode classique masculine. Il avoue lui-même que sa cible, ce sont les jeunes en passe de devenir adultes qui sont obligés de délaisser leur sweat-shirt préféré pour un costume. Ses modèles sont confortables et décontractés au lieu d'être étriqués. En dehors des réalisations créées sous son label depuis 2004, ce Belge né en 1976 est également directeur artistique chez Dior. C'est là qu'il a fait ses armes sous la houlette d'Hedi Slimane dont il a repris le poste en 2007. Kris Van Assche est également l'auteur d'impressionnants projets : il a, entre autres, créé son propre magazine baptisé *Londerzeel*, du nom de sa ville natale, mais aussi monté des expositions à Paris et à Hyères.

KRISVANASSCHE, Fall/Winter 2011/12 & Fall/Winter 2010/11

KRISVANASSCHE, Spring/Summer 2011

CINÉMATHÈQUE FRANÇAISE

www.cinematheque.fr

51 Rue de Bercy | 75012 Paris

What is known as *mémoire du cinéma* (film preservation) was established by Henri Langlois in 1935 in order to preserve copies of films and cinema-related objects to make them available to the public. Despite its turbulent history, which includes various closures and reopenings, the Cinémathèque Française has managed to build up the biggest film archive in the world. As well as its functions as a collector, restorer, and preserver of historical films, it shows old and new movies in its screening rooms most days, and holds retrospective exhibitions of famous directors or film series selected by themes. The Frank O. Gehry-designed building also includes a restaurant and a film museum.

La mémoire du cinéma, comme on l'appelle, a été fondée en 1935 par Henri Langlois pour conserver des copies et accessoires de films et les rendre accessibles au public. En dépit d'une histoire mouvementée qui compte plusieurs fermetures et réouvertures, la Cinémathèque française est devenue la plus grande base de données mondiale sur le 7e art. Outre la collecte, la restauration et la conservation de films historiques, les actions de la Cinémathèque comprennent la projection quasi-quotidienne de films récents et anciens : rétrospectives de réalisateurs célèbres ou cycles thématiques. Ce bâtiment conçu par Frank O. Gehry abrite aussi un restaurant et un musée du film.

0 1 2 3 4 5 6 7 8 9
10 11 12 13 14 15 16
17 18 19 20 21 22 23
Maison Martin Margiela
PARIS

MAISON MARTIN MARGIELA

www.maisonmartinmargiela.com

designer | Maison Martin Margiela

flagship store
13 Rue de Grenelle | 75007 Paris

INSIDER TIP SHOPPING
Maison Martin Margiela
www.maisonmartinmargiela.com
13 Rue de Grenelle | 75007 Paris

Belgian fashion designer Martin Margiela is one of the pioneers of portable art. He is considered a modernist and deconstructivist who has taken the canons of fashion to the absurd, recycling, transforming, and reinterpreting them. He sews the seams on the outside, rendering visible what had until recently been hidden in fashion: its structure.

After graduating from Antwerp's Royal Academy of Fine Arts in 1981 and working as an assistant at Jean Paul Gaultier, Martin Margiela founded his own label seven years later. With it, he successfully breaks conventions and proves to be *avant-garde* and experimental. Maison Martin Margiela has been owned by the Italian group Diesel since 2002 but has not employed Margiela as a designer since 2009, and today it presents different innovative lines. Each piece in the collection is distinguished by a modest white label tacked on by just four stitches. Margiela's original idea was for customers to remove the label after buying the garment. The depersonalization of his fashion is directed against commercial fashion trends and to draw attention to the clothes themselves. That is why there are no photographs of the designer and why the models' faces are usually covered by black bands both on the runways and in the catalogues.

Le créateur Martin Margiela est l'un des précurseurs de l'art portable. Il est considéré comme un moderniste et un déconstructiviste qui a poussé les canons de la mode jusqu'à l'absurde en les recyclant, les transformant et les réinterprétant. Il a rendu les coutures visibles et mis en valeur ce qui était jusqu'alors caché dans la mode : la construction du vêtement.

Diplômé de l'Académie royale des beaux-arts d'Anvers en 1981, Martin Margiela, après un stage auprès de Jean-Paul Gaultier, fonde sa propre marque sept ans plus tard. Celle-ci rompt avec les conventions et se veut avant-gardiste et expérimentale – une approche couronnée de succès. Aujourd'hui, la maison Martin Margiela – qui fait partie de la marque italienne Diesel depuis 2002, et où Martin Margiela n'est plus créateur depuis 2009 – présente différentes lignes particulièrement innovantes. Chaque pièce de ses collections se reconnaît à son étiquette blanche cousue par un simple faufil destinée à être détachée par les clients après l'achat. Cette dépersonnalisation s'inscrit à l'encontre des tendances commerciales de la mode et attire d'autant plus l'attention sur la création elle-même. On comprend ainsi pourquoi il n'existe aucun portrait du créateur et que le visage des mannequins soit masqué par des bandeaux noirs durant les défilés et dans les catalogues.

Maison Martin Margiela, Spring/Summer 2011

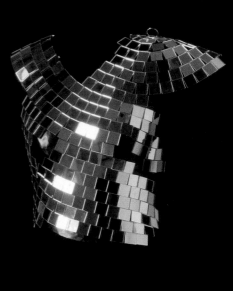

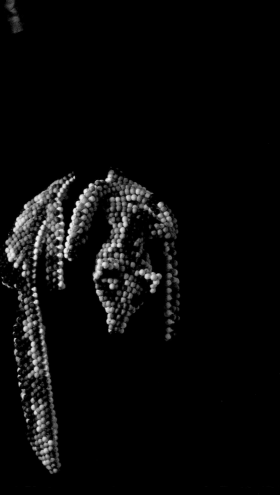

MAISON MARTIN MARGIELA

www.maisonmartinmargiela.com

13 Rue de Grenelle | 75007 Paris

0 1 2 3 4 5 6 7 8 9
10 11 12 13 14 15 16
17 18 19 20 21 22 23
Maison Martin Margiela
PARIS

The Maison Martin Margiela brand is famed for its sense of innovation and its dresses which are often classified as portable art. The in-store décor is every bit as good as the creative collections. Fashion and accessories are integrated into carefully designed facilities as artistic objects, along with innovative elements and old pieces of furniture. The completely white fixtures, typical of the iconography of Maison Martin Margiela, are responsible for the surprising ambiance. This highly inspired small venue on Rue de Grenelle with a décor in itself worth a visit, is distinguished from the label's other two stores in Paris by featuring both women's and menswear collections.

Maison Martin Margiela est célèbre pour son sens de l'innovation et ses vêtements, souvent considérés comme de l'art portable. L'aménagement de la boutique ne dépare pas avec la créativité des collections. Mode et accessoires s'intègrent comme des œuvres d'art entre installations réfléchies, objets décalés et meubles d'antiquaires. Ce décor entièrement blanc, réalisé pour être en harmonie avec l'iconographie typique de la Maison, instaure une atmosphère impressionnante. Un lieu très inspiré situé rue de Grenelle, qui se distingue aussi des deux autres boutiques parisiennes de la marque en ceci qu'elle propose des collections hommes et femmes.

MAISON RABIH KAYROUZ

MAISON RABIH KAYROUZ

www.maisonrabihkayrouz.com

designer | Rabih Kayrouz

shop | L'Éclaireur
10 Rue Boissy d'Anglas | 75008 Paris

INSIDER TIP SHOPPING
La Grande Épicerie de Paris
www.lagrandeepicerie.fr
38 Rue de Sèvres | 75007 Paris

In 1991, at the young age of 16, Rabih Kayrouz left his home country of Lebanon to study at Paris's Chambre Syndicale de la Couture. He perfected his craft at the Christian Dior and Chanel ateliers before going home to open his own atelier in Beirut in 1995. In the meantime, he established a second branch with a showroom in Paris, in the old Petit de Babylone Theater. Halfway between Paris and Beirut, *haute couture* and ready-to-wear, Rabih Kayrouz is today inspired by both worlds. His Lebanese roots are revealed in his predilection for bright colors and sensual materials, while the West for him signifies urban living, modernity, and the rhythm of daily life. By breathing new life into *haute couture* techniques and adapting them to the inflexible rules of *prêt-à-porter*, he manages to give his creations a timeless style. However, his models continue to convey a highly contemporary and modern poetic air. As one of the last brands to still manufacture all of its designs in French ateliers, Rabih Kayrouz could be described as a guardian and at the same time a pioneer of the Parisian *couture* tradition.

Quand Rabih Kayrouz quitte son Liban natal, en 1991, pour venir étudier à la Chambre syndicale de la haute couture à Paris, il a seulement seize ans. Il parfait son apprentissage dans les ateliers de Christian Dior et de Chanel avant de revenir au Liban en 1995 afin d'y ouvrir son atelier à Beyrouth. Entre-temps, le créateur acquiert un espace à Paris, dans l'ancien Petit théâtre de Babylone et l'aménage en showroom. Entre Paris et Beyrouth, entre haute couture et prêt-à-porter, Rabih Kayrouz se laisse aujourd'hui inspirer par deux mondes différents. Ses racines libanaises se révèlent à travers sa passion des couleurs lumineuses et des matières sensuelles, tandis que l'Occidental en lui transparaît dans l'urbanité, le modernisme et le rythme du quotidien. En insufflant une nouvelle vie aux techniques de la haute couture et en les adaptant aux règles inflexibles du prêt-à-porter, il confère à ses créations un style intemporel, ce qui n'empêche pas ses mannequins de dégager une poésie moderne des plus actuelles. Rabih Kayrouz est l'un des tout derniers créateurs à confectionner la totalité de ses modèles dans des ateliers français ; en ceci, on peut le considérer à la fois comme un gardien de la tradition et un pionnier de la couture parisienne.

MAISON RABIH KAYROUZ, Spring/Summer 2010

162

MARTIN GRANT

MARTIN GRANT

www.martingrantparis.com

designer | Martin Grant

flagship store
10 Rue Charlot | 75003 Paris

INSIDER TIP : CULTURE

Musée Rodin | www.musee-rodin.fr
79 Rue de Varenne | 75007 Paris

This Australian designer sets 1996 as the year his label was officially founded, but in fact Martin Grant had already launched his first line on the market in his home town of Melbourne in 1982. The Australian fashion industry quickly recognized his talent and four years later he won the Cointreau Young Designer Award. But Martin Grant wanted more: first he studied sculpture at the Victorian College of Arts and in 1991 moved to London, where he learnt the secrets of *haute couture* from Japanese designer Koji Tatsuno. A year later he opted for the French capital. "For me, Paris had always been the creative center of fashion," he says. His simple designs that appear to be chiseled out of stone and seem tailor-made for elegant women of the world prove that the change was worthwhile. The public that attends his runway shows at Paris Fashion Week is just as selective as his fashion and his fashion speaks for itself.

Officiellement, la création de son label remonte à 1996. En réalité, la première ligne de vêtements de Martin Grant apparaît sur le marché dès 1982. L'industrie textile australienne reconnaît aussitôt son talent et lui attribue, quatre ans plus tard, le *Cointreau Young Designer Award*. Mais Martin Grant refuse de s'en tenir là : il se lance dans des études de sculpture au Victorian College of the Arts de Melbourne avant de rejoindre Londres en 1991. Là, le créateur japonais Koji Tatsuno lui enseigne la tradition du sur-mesure. Un an plus tard, il rallie la capitale française : « Pour moi, Paris a toujours été le haut-lieu de la mode », dit-il. Une décision judicieuse, puisque ses modèles simples et élégants, comme sculptés dans la pierre, semblent réalisés tout spécialement pour les femmes du monde. Une approche confirmée dans le public élitiste qui assiste à ses défilés lors de la semaine de la mode parisienne. Sa mode parle d'elle-même.

Martin Grant, Fall/Winter 2010/11

RICK OWENS

www.rickowens.eu

designer | Rick Owens

flagship store
131 Galerie de Valois | 75001 Paris

Rick Owens is one of the stars of the Paris *avant-garde* today. His severe fashion, neither feminine nor masculine, plays with transparencies, veils, and the most diverse forms of layering. At the same time it has a rough beauty which is actually quite tender and ephemeral. Rick Owens understands the art of combining opposites to create a new aesthetic like no other designer, "My dresses are the expression of the sensitivity of my soul and my tempestuous ego," the American designer says. Born in southern California, he studied art at the renowned Parsons School of Design in New York. He then went home to Los Angeles to set up his eponymous label in 1994. A job offer from Paris-based furrier's Revillon brought him to the City of Light in 2003, where he continues to live. For Rick Owens, Paris is the center of the fashion universe today. As well as his seasonal collections, his own universe currently includes a furniture line, the Palais Royal fur collection, and the jeans line Drkshdw.

Rick Owens est actuellement la star de l'avant-garde parisienne. Ni féminine, ni masculine, sa mode mélancolique joue avec la transparence, les voiles et les superpositions. Elle dégage une beauté brute dont émanent une certaine tendresse et un caractère éphémère. Rick Owens parvient comme personne à marier les contraires. En ceci, il crée une nouvelle forme d'esthétique : « Mes vêtements sont l'expression de ma sensibilité intérieure et de mon ego tourmenté », commente le créateur américain. Né au sud de la Californie, il étudie l'art dans la célèbre Parsons School of design de New York. Rick Owens rentre ensuite dans sa ville natale, Los Angeles, pour y fonder en 1994 sa marque éponyme. Une opportunité d'emploi chez le fourreur Revillon lui fait rallier Paris en 2003 ; il y restera. Pour Rick Owens, Paris est aujourd'hui le centre de l'univers de la mode. Et c'est son propre univers que reflètent maintenant, outre ses collections de saison, une ligne de meubles, la collection de fourrures Palais Royal ainsi que sa ligne de jeans Drkshdw.

Rick Owens, ANTHEM Spring/Summer 2011

173

Rick Owens, CREATCH Spring/Summer 2008

Rick Owens, CREATCH Spring/Summer 2008

ACCESSORIES

INTRO

Where would fashion be without its accessories? First of all, they can set off an outfit to perfection or add to a style. This chapter of CITY FASHION PARIS proposes a thrilling look at the design of the most interesting bags, shoes, and jewelry in town. Accessories that enhance fashion have long been valued in Paris and their demand and popularity have never diminished. So it is not surprising that many traditional businesses can be found making accessories both for their own collections, the ready-to-wear runways, but particularly for the *haute couture* lines of big-name designers. As happens in fashion, tradition and modernity come together in the world of accessories. Stimulated by the city's fashion history and the quality of the works of long-established local creators, young designers have been able to match the range of the fashion designers, jewelry makers, and leatherwear manufacturers. Inspiration is drawn from the wide variety of modern cultural influences that Paris offers.

Que serait la mode sans ses accessoires, indispensables pour parfaire une tenue ou souligner un style ? Ce chapitre de CITY FASHION PARIS vous propose une passionnante incursion dans le design des sacs à main, chaussures et bijoux présents sur la scène de la mode parisienne. Voilà longtemps qu'à Paris, on met l'accent sur ces éléments qui exaltent la mode. Cette passion pour les accessoires n'a pas faibli, ce qui explique que la capitale regorge d'entreprises traditionnelles dédiées à leur confection. Celles-ci réalisent leurs propres collections, mais aussi celles des défilés de prêt-à-porter et de haute couture de différents créateurs. Pour les accessoires comme pour les vêtements, la tradition se confronte au modernisme. Stimulés par l'histoire de la ville et l'incroyable qualité du travail des créateurs locaux etablis de longue date, de jeunes designers ont rejoint les rangs des modistes, maroquiniers et bijoutiers traditionnels. Quant à l'inspiration, elle leur vient des influences culturelles modernes que Paris leur offre à profusion.

APERLAÏ

www.aperlaiparis.com

designer | Alessandra Lanvin

shop | Le Bon Marché
24 Rue de Sèvres | 75007 Paris

INSIDER TIP : SHOPPING

Lydia Courteille | www.lydiacourteille.com
231 Rue Saint-Honoré | 75001 Paris

Aperlaï was the name of an ancient coastal city in present-day Turkey where Alessandra Lanvin spent many happy summers with her family. So it comes as no surprise that the designer used the name of this idyllic place for her footwear label founded in 2009. Since then, she has been fully dedicated as a creative director to her passion for extravagant shoes. In fact, the Milan-born designer studied politics and international relations before discovering her true vocation. Today she lives and works in Paris. Her corporate headquarters are located at Place Vendôme, one of the most expensive addresses in the fashion metropolis. As could be expected, her models are gems, particularly the high heels she commissions to be made in Italy. Although it is hard to find heels under four-inches high in her collection, Alessandra Lanvin places a great deal of importance on her customers being able to walk safely and comfortably. For women who don't feel confident in a towering heel, Aperlaï also has comfortable and equally elegant alternatives, like her practically flat ballet pumps.

Aperlaï est une ville côtière turque datant de l'Antiquité où Alessandra Lanvin a passé de nombreux étés en famille. Rien d'étonnant, donc, à ce qu'elle ait nommé sa marque de chaussures créée en 2009 d'après ce lieu enchanteur. Depuis, en tant que directrice artistique, elle se consacre entièrement à sa passion pour les chaussures extravagantes. Cette Milanaise d'origine a d'abord étudié la politique et les affaires internationales avant de découvrir sa véritable vocation. Aujourd'hui, elle vit et travaille à Paris ; le siège de sa maison se situe place Vendôme, l'un des lieux les plus chers de la capitale. Ses modèles sont de véritable bijoux – citons en particulier la ligne High Heels, qu'elle fait fabriquer en Italie. Dans cette collection, les talons mesurent tous au moins 10 cm de haut. Pour autant, Alessandra Lanvin tient à ce que ses clientes puissent marcher confortablement dans ces créations peu ordinaires. Une bonne semelle contribue en effet à une répartition équilibrée du poids du corps. Pour celles que les hauteurs effraient, Aperlaï propose une alternative à la fois confortable et élégante sous forme de ballerines à talons plats.

benoit méléard

BENOIT MÉLÉARD

www.benoitmeleard.fr

designer | Benoît Méléard

shop | Le Bon Marché,
24 Rue de Sèvres | 75007 Paris

French footwear designer Benoît Méléard not only worked for traditional houses like Robert Clergerie and Charles Jourdan, but also for Loewe, Helmut Lang, Jeremy Scott, and Alexander McQueen. In 1997 he decided to set out as an independent shoe designer after three-and-a-half years' experience with these internationally renowned labels. From the start, and still today, he was praised by the international press for his experimental models. This was an indispensable requisite for him when launching a commercial collection in 2001. It was a huge hit: boutiques and major department stores like Le Bon Marché and Bergdorf Goodman commissioned his exceptional shoes which are at the same time easy to wear. Today these firms continue to appreciate the sculptured shapes that blend timeless elegance with a fashion-forward design and 1950s retro touch. His presentations at Paris Fashion Week also caught the eye of the very best: Manolo Blahnik, Walter Steiger, and the great dame of American shoe design, Beth Levine, the icing on the cake. All three were hugely impressed by his talent.

Le créateur de chaussures Benoît Méléard n'a pas travaillé que pour des maisons traditionnelles comme Robert Clergerie et Charles Jourdan, mais aussi pour Loewe, Helmut Lang, Jeremy Scott et Alexander McQueen. Après avoir parfait son expérience durant trois ans auprès de ces créateurs de renom, il ouvre sa propre maison en 1997. D'emblée, il impressionne la presse internationale avec ses modèles incontestablement expérimentaux. Ainsi, en 2001, il lance une marque plus commerciale dans les meilleures conditions. Succès garanti : boutiques et grands magasins, comme le Bon Marché ou Bergdorf Goodman, se ruent sur ses chaussures certes originales, mais tout à fait portables – ils apprécient leurs formes sculpturales, entre élégance intemporelle et design décalé rappelant les années 1950. C'est au cours des défilés de la semaine de la mode parisienne que Benoît Méléard retient également l'attention des plus grands : Manolo Blahnik, Walter Steiger et, cerise sur le gâteau, la grande dame de la chaussure design américaine, Beth Levine, se sont enthousiasmés pour son talent.

Benoit Méléard. Fall/Winter 2011/12

JEU DE PAUME

www.jeudepaume.org

Place de la Concorde | 75008 Paris

JEU DE PAUME

Jeu de Paume is a go-to venue for photography fans. The museum also presents an approach through time and space on all things film- and video-related. Jeu de Paume doesn't just present exhibitions; it is also a place to stage film seasons, conferences, and educational activities. As well as the exhibitions by renowned artists including Richard Avedon, André Kertész, and Lee Miller, it promotes young talents like Esther Shalev-Gerz, Mario García Torres, and Agathe Snow. Perfectly located in a corner of the Tuileries Gardens, it can boast of being the center of the photographic and artistic landscape in the heart of Paris.

Le Jeu de Paume est une référence pour les amateurs de photographie. Ce musée, aussi exhaustif chronologiquement que géographiquement, présente par ailleurs tout ce qui a trait à l'image. Le Jeu de Paume accueille non seulement des expositions, mais aussi des cycles de films, colloques ou activités pédagogiques. Outre les expositions d'artistes reconnus comme Richard Avedon, André Kertész ou Lee Miller, il met en avant des talents à découvrir comme Esther Shalev-Gerz, Mario García Torres ou Agathe Snow. Situé à deux pas du jardin des Tuileries, c'est un point central de la scène photographique et artistique au cœur de Paris.

BURAKUYAN

BURAKUYAN

www.burakuyan.com

designer | Burak Uyan

shop | Franck et Fils
80 Rue de Passy | 75016 Paris

INSIDER TIP | FOOD

Les Ombres | www.lesombres-restaurant.com
27 Quai Branly | 75007 Paris

Burak Uyan considered the need to create his own footwear label because he was tired of seeing the twisted faces of pain among purchasers and stylists wearing high-heel shoes at the Giambattista Valli showrooms where he worked as a chief designer for the accessories line. This led him to demand that his creations be comfortable despite the height of the heels. In his opinion, even from a stylistic viewpoint the ideal shoe should be able to be worn all day. If a woman has a cocktail party to attend in the evening, she should only have to change her dress, not her footwear. Burak Uyan's eye for color is revealed through collections in which bright but always-harmonious shades are used. He combines them with unusual leathers such as *karung*, the skin of the Java wart snake, alligator skins or pony hides. Also characteristic are the graphic elements of his designs, inspired by his other great passion, modern architecture. For this German-born designer, Paris is a melting pot of old and new, impressions and inspirations, and therefore a necessity.

L'envie de créer sa propre marque de chaussures s'est fait jour chez Burak Uyan alors qu'il travaillait comme chef designer pour les lignes d'accessoires chez Giambattista Valli, en voyant clientes et stylistes tituber sur leurs talons dans les showrooms, le visage tordu de douleur. D'où son exigence actuelle : en dépits de leurs hauts talons, toutes ses créations doivent absolument rester confortables. Selon lui, la chaussure idéale peut être portée toute la journée, quel que soit le style de la tenue. Si une femme doit changer de robe pour un cocktail en soirée, elle doit en revanche pouvoir garder les memes chaussures. L'attrait de Burak Uyan pour les couleurs se révèle à travers des collections aux teintes enjouées mais harmonieuses, qu'il combine sur des cuirs exceptionnels comme le karung, de la peau de serpent javanais, le lézard ou le poney. Autre particularité de son style, l'aspect très graphique de son design inspiré d'une autre de ses passions, l'architecture moderne. Pour cet Allemand d'origine, Paris est un creuset d'ancien et de nouveau, d'impressions et d'inspirations, et donc une absolue nécessité.

CORPUS CHRISTI

www.corpuschristi.fr

designer | Thierry Gougenot

flagship store
6 Rue Ravignan | 75018 Paris

INSIDER TIP : FOOD

Le Petrelle | www.petrelle.fr
34 Rue Petrelle | 75009 Paris

"Don't just follow one path if you're only on it for fear of getting lost," is Thierry Gougenot's motto, and one he has abided by all his life: born in Lyon, where he attended the local art college, he took a number of detours until he found his true calling. He worked as a painter and sold vintage clothing before discovering his passion for jewelry design. He founded his own label Corpus Christi in the year 2000. His designs are relatively esoteric: the repertoire includes sacred symbols such as crosses and skulls, as well as small revolvers, snakes, forbidden fruit, teddy bears, and African art motifs. His fine silver or white gold ornaments are usually decorated with diamonds and precious stones. Despite the relatively morbid look of his mystic/romantic works, his designs are not exempt of a touch of irony. Christian Lacroix saw it, and commissioned him to create jewelry for his prestigious collections.

« Le droit chemin n'est le bon que si on ne le suit pas uniquement par peur de se perdre ». C'est en tout cas l'adage de Thierry Gougenot, qui s'y est toujours tenu : natif de Lyon, il y a fait des études d'arts appliqués et n'a trouvé sa voie qu'après avoir pris quelques détours. Il a en effet été peintre et vendeur de tableaux et de fripes vintage avant de se découvrir une passion pour la création de bijoux. En 2000, il a créé sa marque Corpus Christi – autrement dit, en latin, « le corps du Christ ». Ses créations ont quelque chose de très ésotérique : des symboles religieux ou mortuaires comme croix et tetes de mort y côtoient revolvers miniatures, serpents, fruits défendus, oursons et motifs d'art africain. Ses pièces en argent massif sont souvent incrustées de diamants et de pierres précieuses. Malgré l'aspect relativement morbide qui se dégage de ses créations mystico-romantiques, son travail n'est pas exempt d'une touche d'ironie. Christian Lacroix lui-même ne s'y est pas trompé puisqu'il a demandé à Thierry Gougenot de créer les bijoux pour ses prestigieuses collections.

FLORIAN DENICOURT

FLORIAN DENICOURT

www.floriandenicourt.com

designer | Florian Denicourt

flagship store
24 Rue Charlot | 75003 Paris

INSIDER TIP : NIGHTLIFE
Point Ephémère | www.pointephemere.org
200 Quai de Valmy | 75010 Paris

Florian Denicourt knew he wanted to become an accessories designer even as a child. He sketched his first sports shoes at the age of 10. After graduating from the Duperré Design School in Paris in 1999, the designer concentrated on learning leather-processing techniques before beginning to design an accessories line for Vanessa Bruno. He eventually struck out on his own in 2003, designing his eponymous line of ladies' handbags, followed a year later by a menswear collection. As well as shoes, Florian Denicourt's work covers all possible types of bags: travel bags, bowling bags, sports bags, and laptop bags. All his designs have a certain androgynous look. The designer believes that "bags complete an outfit and don't have anything to do with their owner's sex". Some of his models can be used by men or women alike. He also fulfilled his childhood dream of creating sports shoes with perforated leather, but which are also unisex.

Tout jeune, Florian Denicourt savait déjà qu'il serait créateur d'accessoires. À dix ans, il dessine ses premières chaussures de sport. En 1999, après avoir étudié le design à l'école Duperré de Paris, il se concentre d'abord sur le travail du cuir avant de commencer à créer une ligne d'accessoires pour la styliste Vanessa Bruno. En 2003, il se met à voler de ses propres ailes en concevant sa ligne de bagagerie féminine. Un an plus tard, il sort une collection pour hommes. Le travail de Florian Denicourt englobe toute sorte d'articles de bagagerie – sacs de voyage de bowling ou de sport, étuis pour ordinateurs portables, mais aussi chaussures. Ses modèles portent tous une signature androgyne. « Le sac à main est censé compléter une tenue et n'a rien à voir avec le sexe de son propriétaire », affirme le créateur. On trouve ainsi des modèles qui peuvent aussi bien convenir à des hommes qu'à des femmes. Il a également réalisé son rêve d'enfant en créant des chaussures de sport en cuir perforé, qui sont elles aussi unisexes.

POINT ÉPHÉMÈRE

www.pointephemere.org

200 Quai de Valmy | 75010 Paris

At Point Éphémère you drink cheap beer in plastic glasses while listening to loud music from the turntable. Located in a former dock on the bank of Canal Saint-Martin, it is the perfect place to have a great party. This cultural activities center, originally designed to be temporary, includes an artists' workshop, a dance studio, a sound and image studio, and a gallery, in addition to a restaurant, bar, and concert stage. The latter two facilities have for some time been an essential meeting point for the hip crowd that frequents Bassin de la Villette on the northern side of the canal.

Chez Point Éphémère, on boit des bières de qualité à un prix modique en écoutant de la musique jouée à tue-tête sur des platines. Cet ancien dock situé au bord du canal Saint-Martin est l'endroit idéal pour faire la fête. Ce lieu, qui est à l'origine un centre de dynamiques artistiques, abrite également des ateliers d'artistes, un studio de danse, un studio d'enregistrement et de montage, une galerie, un restaurant, un bar et une scène de concert. Ces derniers sont désormais devenus un point de rencontre incontournable des hipsters autour du bassin de la Villette, dans la partie nord du canal.

JÉRÔME DREYFUSS

www.jerome-dreyfuss.com

designer | Jérôme Dreyfuss

flagship store
1 Rue Jacob | 75006 Paris

INSIDER TIP ┊ SHOPPING

Merci | www.merci-merci.com
111 Boulevard Beaumarchais | 75003 Paris

Jérôme Dreyfuss presented his first collection in Paris in 1998, aged just 23. After a time building up experience in different fields, he decided to concentrate exclusively on the world of accessories four years later. Today he specializes in luxury leather bags. He rounds off the seductive nature of his extravagant cuts with roomy interiors and often adds extras like a mirror or a mini-flashlight.

Women's hearts understandably beat faster when they see these sassy and simultaneously useful bags. Their proud owners often call their Dreyfuss bag Nick, Momo, or Max, as the designer loves giving his models male names. To respect the growing demand for eco-products, in 2006 Jérôme Drefuss decided to launch his "Agricouture" line. In this collection, instead of crocodile skin he uses vegan eco-leather made to environmentally friendly criteria. His success is demonstrated by the more-than 200 designer boutiques where the bags are sold, including outside of the French fashion capital.

Jérôme Dreyfuss n'a que 23 ans quand il présente sa première collection à Paris, en 1998. Après s'être confronté à divers domaines, il décide, quatre ans plus tard, de se concentrer exclusivement sur les accessoires. Aujourd'hui, sa spécialité, ce sont ces sacs à main luxueux qui se démarquent par leur coupe extravagante. Ils sont spacieux, et souvent agrémenté d'un miroir ou d'une mini lampe de poche.

Rien d'étonnant à ce que les femmes tombent amoureuses au premier regard de ces articles aussi décontractés qu'indispensables. Leurs propriétaires appellent souvent fièrement leur « Dreyfuss » Nick, Momo ou Max, car le créateur baptise volontiers ses modèles de prénoms masculins. En 2006, Jérôme Dreyfuss lance sa ligne Agricouture pour répondre à la demande croissante de produits écologiques. Au lieu de cuir de crocodile, il utilise pour cette collection des cuirs végétaux fabriqués dans le respect de l'environnement. La preuve de son succès ? Les 200 boutiques de créateurs, réparties sur tout le globe, qui proposent actuellement ses sacs.

MERCI

www.merci-merci.com

111 Boulevard Beaumarchais | 75003 Paris

Merci is a concept store that represents exactly the opposite of what we understand by the notion. Instead of feeling out of place under bright neon lights with haughty shop assistants and a minimalist décor, Merci is a retail outlet that invites you to enter. The large loft has enough space to fit a comfortable coffee area with old books, a small canteen with a little scented herb garden, and a great many accessories, as well as clothes, furniture, crockery, and other miscellaneous must-haves. Another good reason to shop here is that the profits from all sales go to an NGO for children in need in Madagascar.

Merci est un concept store, mais aussi l'exact opposé de ce qu'on entend par ce terme. Au lieu de s'y sentir à l'étroit et agressé par des néons blafards ou des vendeurs à l'attitude glaciale, on a envie d'y emménager. Ce loft spacieux abrite un café littéraire plein de livres d'occasion, une petite cantine et un jardin d'herbes aromatiques, ainsi qu'une foule d'accessoires, de vêtements, de meubles, de vaisselle et de petits objets qui sont tous des must-have. Une autre raison de se laisser aller à ses pulsions d'achat ? Les ventes sont reversées à une association humanitaire au profit de l'enfance malgache défavorisée.

Murmure, Fall/Winter 2011/12

MURMURE BY SPIRIT

www.artnuptia-murmure-by-spirit.com

designer | Muriel Simon

flagship store | Artnuptia - MURMURE by SPIRIT
32 rue Notre Dame des Victoires | 75002 Paris

INSIDER TIP : CULTURE

Museé d'Histoire Naturelle | www.mnhn.fr
36 Rue Geoffroy Saint-Hilaire | 75005 Paris

Anyone keen to adorn their head in feathered hearts, spiky silk crowns, sequined shells, or even the Eiffel Tower should head to Paris's Murmure by Spirit. The fun creations from this traditional Parisian house turn the most whimsical ideas into fantastical hats. Muriel Simon has been making wonderful objects of fantasy, original hats, and tiaras swathed in enormous flowers since 2002. Funny and elegant at the same time, they combine unusual materials like hemp and metal chains with classic elements from the millinery tradition such as feathers and silk flowers. Murmure by Spirit was created when Muriel Simon, who spent many years as a marketing and sales manager in different international companies, was put in charge of the traditional house Maison Chanet, founded in 1936. Chanet was and still is one of the last two French ateliers to make fashion accessories artisanally, including hats, flowers, and feather headpieces, and which is also independent of the major fashion houses. Murmure by Spirit still supplies *haute couture* orders, although its own creations leave nothing to be desired, thanks to the *savoir-faire* of France's best designers.

Si vous rêvez de porter sur la tête des cœurs en plumes, des couronnes d'épines en soie, des coquillages pailletés ou même la Tour Eiffel, Murmure by Spirit est fait pour vous. Les créations pleines d'humour de cette marque parisienne attachée aux savoir-faire artisanaux transforment les idées les plus fantasques en chapeaux de rêve. Depuis 2002, Muriel Simon réalise de magnifiques articles fantaisie, des chapeaux inédits ou des serre-têtes agrémentés de fleurs démesurées. Ses modèles facétieux mais chics allient des matériaux atypiques comme chanvre ou chaînettes métalliques à des classiques de la chapellerie comme la paille ou les fleurs de soie. La marque est née quand Muriel Simon, auparavant directrice des ventes et du marketing dans diverses entreprises internationales, a repris l'ancienne maison Chanet, fondée en 1936. Chanet était et demeure l'un des deux derniers ateliers français encore indépendants à produire de façon artisanale des accessoires de mode comme chapeaux, fleurs et compositions en plumes. Murmure by Spirit répond encore à des commandes de haute couture mais ses propres créations, grâce au savoir-faire des meilleurs modistes français, n'ont rien à envier aux plus grands.

Murmure, Fall/Winter 2011/12

Murmure, Fall/Winter 2011/12

OLYMPIA LE TAN

www.olympialetan.com

designer | Olympia Le-Tan

shop | Colette
213 Rue Saint-Honoré | 75001 Paris

INSIDER TIP : NIGHTLIFE

Le Baron | www.clublebaron.com
6 Avenue Marceau | 75008 Paris

That books would be a source of inspiration for Olympia Le-Tan's bags is something her father, French illustrator Pierre Le-Tan, could never have imagined. This theme, to which the designer has remained faithful since she began, is the reason for her latter-day success. She presented her first small artwork entitled "You Can't Judge a Book by its Cover" in September 2009 and now reproduces luxuriously illustrated first editions of Faulkner and McCullers that hold true to the originals, but in a playful mode that results in refined silk and cotton clutch bags with multicolored felt appliqués. London-born, Paris-raised Le-Tan studied art in Paris and Italy before perfecting her experience as a designer at Chanel. There she met Gilles Dufour, who she shortly followed to Balmain as an assistant. Not long after that the creative duo established the brand Gilles Dufour and began to make a name for themselves with their multicolored and charmingly flirty fashion. At the same time, the designer went ahead with her Olympia Le Tan bag brand. Her lovingly handmade creations have the same lighthearted spirit as the pieces she made before, only these unique creations have become true "literary classics".

Pierre Le-Tan, illustrateur français, n'aurait sans doute pas imaginé que sa fille Olympia trouverait un jour l'inspiration dans les livres pour créer ses sacs. Cette thématique, à laquelle la créatrice demeure fidèle depuis ses débuts, est à l'origine de son succès. En septembre 2009, elle présente ses premières pièces sous le nom : « You can't judge a book by its cover ». Aujourd'hui, elle reproduit des premières éditions d'œuvres de Faulkner et McCullers à l'original, mais de façon ludique pour en faire des pochettes raffinées, en soie ou coton, garnies d'applications en feutre.

Née à Londres, la créatrice a grandi à Paris ; elle a étudié l'art en Italie et à Paris avant de faire ses armes comme designer chez Chanel. Là, elle a rencontré Gilles Dufour qu'elle a suivi chez Balmain pour y être son assistante. Peu après, le tandem a créé le label Gilles Dufour et s'est fait connaître pour sa mode colorée, envoûtante et ludique. Parallèlement, Olympia Le-Tan a commencé à réaliser ses sacs sous son propre nom. Ces modèles, amoureusement réalisés à la main, ont gardé l'esprit très joueur des vêtements qu'elle créait auparavant – mais ses réalisations uniques en leur genre sont devenues de véritables « classiques de la littérature ».

uncommon matters

UNCOMMON MATTERS

www.uncommonmatters.com

designer | Amélie Riech

online shop | www.ra13.be

INSIDER TIP : SHOPPING

Spree | www.spree.fr
16 Rue La Vieuville | 75018 Paris

Whether plain and rough, cold and hot, fragile and thick, or shiny and matt, a piece of Uncommon Matters jewelry is always the result of a combination of opposing sensations. Made in a Thuringia factory from pure white porcelain, Amélie Riech's creations are not exactly delicate, even though they are made from fragile materials. The outsized neckpieces, structured cuffs, bracelets, rings, and porcelain crowns appear indestructible at first glance. Molding the jewelry directly on the body enables her to create pieces with an organic shape, despite using rigid material. This helps highlight the tactile experience of wearing them. As soon as the seemingly cold jewelry warms up and adapts to the wearer's body temperature, goose bumps give way to the feeling of wearing an artistic suit of armor. Her creations, limited to 100 pieces, are an unusual blend of old-world quality craftsmanship and a design identity that is both contemporary and timeless. For this German designer who divides her time between Berlin and Paris, Uncommon Matters is not a brand in the traditional sense, but a stage for her creativity. She also works as an editor and design consultant for a number of different magazines and companies, and creates accessories for Paco Rabanne.

Qu'il soit lisse et rugueux, froid et chaud, fragile et solide, brillant et mat, un bijou Uncommon Matters est toujours une expérience de sensations contradictoires. Réalisées à partir de porcelaine d'un blanc pur dans une manufacture du Thuringe en Allemagne, les créations d'Amélie Riech sont fragiles matériellement, mais pour le reste, elles sont tout sauf tendres. Quand on les voit pour la première fois, chaînes grand format, plastrons, bracelets et cols en porcelaine semblent indestructibles. Comme la créatrice moule ses bijoux directement sur le corps, ses modèles, en dépit du matériau rigide, prennent une allure organique – les porter devient une expérience sensuelle. Sitôt que le bijou se réchauffe au contact du corps, la chair de poule qui vous parcourt la peau cède à la sensation de porter une armure façonnée par un artiste. Ces créations en éditions limitées à 100 pièces marient de façon atypique l'artisanat et les matériaux anciens à une signature moderne et cependant intemporelle. Pour la créatrice de souche allemande, Uncommon Matters n'est pas une marque au sens habituel du terme, mais une base permettant de laisser libre cours à son expression. Ainsi, elle travaille également comme consultante design pour divers magazines et conçoit en outre des accessoires pour Paco Rabanne.

uncommon matters, Spring/Summer 2011

uncommon matters, Spring/Summer 2011

INDEX

Christine Anna Bierhals

Born in Germany in 1980, Christine Anna Bierhals studied fashion design and journalism. The author of *City Fashion Paris* works as a fashion journalist and stylist in the international sphere of the world of fashion.

Née en 1980 en Allemagne, Christine Anna Bierhals a étudié le design de mode et le journalisme. L'auteure de *City Fashion Paris* est aujourd'hui une journaliste de mode et une styliste de renommée internationale.

City Fashion Paris

© 2011 Tandem Verlag GmbH
h.f.ullmann is an imprint of Tandem Verlag GmbH

Text and concept: Christine Anna Bierhals
Layout and design: Laura Gerster | Mayolove
Co-editor: Kathrin Schiffner
Co-authors: Melanie Leyendecker, Wolfgang Altmann
Map: DuMont Reisekartografie GmbH
Cover photo: © Sacha Tassilo Höchstetter
Cover creative director & styling: Christine Anna Bierhals
Cover design: Laura Gerster | Mayolove
Cover hair & make-up: Tobias Sagner
Cover model: Luisa Bianchin
Cover outfit: Talbot Runhof

Translation from German to English: Lynda Trevitt
Translation from German to French: Emmanuelle Urien
English/French coordination and typesetting: Quality, Servicios Globales Editoriales, S.L.
Project management: Isabel Weiler
Overall responsibility for production: h.f.ullmann publishing, Potsdam, Germany

ISBN 978-3-8331-6155-1

Printed in China

10 9 8 7 6 5 4 3 2 1
X IX VIII VII VI V IV III II I

www.ullmann-publishing.com
newsletter@ullmann-publishing.com